中原淳一の子ども服

世界文化社

特に夏の服などは毎日のように洗うので1年着れば色もあせてしまうかもしれません。そんなことを考えても体に合ったものを作ることです。子どもの背は伸びても、幅は1年ぐらいではそんなに変わらないものです。女の子でしたら、スカートのヘムをたっぷりとっておけば2年は着られるでしょう。

子どもを可愛く見せたいばかりに、飾りたてたいのが親心でしょうが、何げないもので身にきちんと合ったものを着ている子どもこそ可愛らしく見えるものです。

赤や黄、ピンクといった、いかにも子どもらしい可愛い色で作るのももちろんよいのですが、地味な色に清潔なカラーを付けた子ども服も気品があってとてもよいものです。

中原淳一

子ども服を可愛く着せるコツといえば、まず身に合ったものを着せることです。

といえば、「そんなことは当たり前、大人だって身に合っていないものを着れば、みっともないにきまっている……」という人もいるでしょう。

でもそれは違います。背の伸びる心配のない大人ならわざわざ大きめに作って不恰好に着るわけもないけれど、子どもが日に日に伸びていくのを見る母親は、今ちょうどよく作っておいたのではすぐ着られなくなってしまうという気持ちから、どうしても大きめに作りたがる傾向があるようです。しかし、せっかく新調したものが、新しいうちはぶかぶかでだらしなく長く、それがちょうど身に合う頃には服の方がもう傷んでしまっているというのでは、ばかばかしいことです。

一つのデザインがこんなに幾通りにも変化する

6 ページ

衿の変化で一着をいろいろに…

8 ページ

1 基本のワンピース

10 ページ

2 フリル衿のワンピース

13 ページ

3 ストライプ柄のワンピース

15 ページ

4 赤いジャンパースカート

18 ページ

5 水玉のブラウス

18 ページ

6 水玉のワンピース

19 ページ

7 ビッグカラーワンピース

22 ページ

　抜群のファッションセンスでデザイナーとしても活躍していた中原淳一は、子ども服のデザイン画もたくさん描き残しています。この本は、淳一がデザインした子ども服を、現代のお子さんにも着ていただけるように作り方を紹介しています。巻末に実物大型紙が付いていますので、ぜひ作ってみてください。

　中には作り方を掲載していないデザイン画もありますが、ページをめくるだけでも中原淳一の子ども服の世界観を楽しんでいただけるよう、できるだけ多くの絵と、淳一自身の言葉で構成しています。

　今でも色あせない淳一デザインの子ども服は、きっとお子さんの可愛さを最大限に引き出してくれるでしょう。

8 プリンセスラインのワンピース
23 ページ

9 花柄のワンピース
25 ページ

10 白ボタンのパイピングワンピース
27 ページ

かんたんなアップリケでたのしく
28 ページ

11 いちごのアップリケのワンピース
29 ページ

水玉でいちごに
30 ページ

いろいろな丸で花や果物を
32 ページ

ロマンティックな夢のようなねまきを…
34 ページ

12 ネグリジェ
36 ページ

基本の道具について
38 ページ

布について
39 ページ

「基本のワンピース」を作りましょう
40 ページ

材料と作り方
49 ページ

一つのデザインがこんなに幾通りにも変化する

スタイルブックの中から気に入ったデザインを見つけて、それが水色の服だったら水色の布を買ってこなければならないと考えたり、また、自分が赤い布地を持っている時は、スタイルブックの中の絵から、赤いドレスはないかと、ついそんな気になって探している。それでやっと見つけた赤いドレスが自分の気に入らないものだったら、何だか作る服がないような気がしてくるものです。特に、レースのためとか、縞のためとか、その素材を生かしたデザインであったら、他の生地で作ってはいけないと思えるものです。

しかし、スタイルブックの中のプリントのドレスも無地で作ってみるとまた違ったニュアンスが生まれるし、縞をうまく使ってみても思いがけない美しさが生まれるかもしれません。スタイルブックに載っているのは一つの例を示してあるのですから、そこから幾通りにもイメージを発展させて、弾力性のある解釈をして下さい。

ここに示したのは一つのデザインを色と柄の違いで幾通りにも変化させてみたものです。後に続くページを見る時も、あなたのお子さんの個性に合わせて、自由にバリエーションをつけてみて下さい。

化で母親の着るよそゆきの程度に合わせるようにしておいたらどうでしょう。

真赤とかピンクの布地では、そのドレスの色の印象が強いため、衿を変化させてもあまり感じが変わりませんが、黒などだったら衿の印象がパッと強調されて、一つのドレスをいろいろに変化させることが出来るのです。

この試みは、ドレスをたくさん持っているように見せようというのではなくて、母と子の着るものの程度を調和させるためだということを知って欲しいと思います。

これはよそゆきだけとは限らず、通学着などにも試みて欲しいもの。衿やカフスをいろいろ作っておいてスナップ止めにしておけば、子どもでもとりかえられて、一つのドレスを新鮮な気持ちでいろいろに着ることが出来るでしょう。

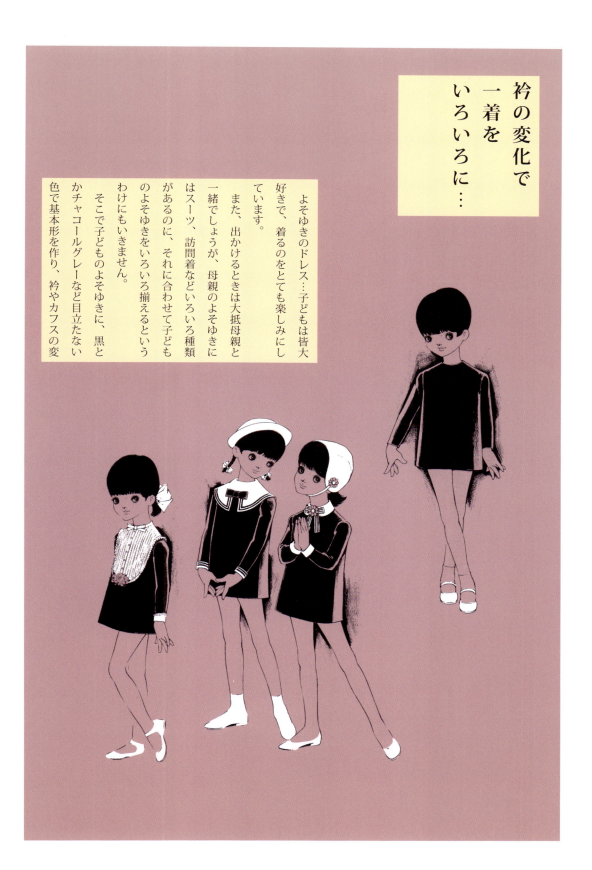

衿の変化で一着をいろいろに…

よそゆきのドレス…子どもは皆大好きで、着るのをとても楽しみにしています。

また、出かけるときは大抵母親と一緒でしょうが、母親のよそゆきにはスーツ、訪問着などいろいろ種類があるのに、それに合わせて子どものよそゆきをいろいろ揃えるというわけにもいきません。

そこで子どものよそゆきに、黒とかチャコールグレーなど目立たない色で基本形を作り、衿やカフスの変

1 基本のワンピース

シンプルなワンピースに衿やカフスを付け替えるだけで、
ずいぶん違った印象が楽しめます。
バラのコサージュやひまわりの刺しゅう、ラインの衿など、
その日の気分で選びましょう。

衿なし
作り方 40ページ

a
バラの
フリル衿とカフス
作り方 76ページ

基本
ウール混の生地で作るとよそゆきの雰囲気に。
衿なしで着ても可愛い
クラシカルなワンピース。

b
ひまわりの
刺しゅう衿
作り方
78 ページ

c
ラインの衿と
カフス
作り方
79 ページ

2 フリル衿のワンピース

幅広の綿レースをたっぷりギャザーして飾った、素朴な中に思いがけない豪華さのあふれるドレス。赤と白のコントラストが目を惹きます。ジャブジャブ洗える真夏に着せたい外出着。

作り方
50ページ

可愛い子ども服のポイント

子ども服は何よりも子ども自身の可愛さを引きたてるものでありたいと思います。可愛い子ども服ということは飾りたてることではなく、「かたちよく作る」ということです。子ども服は大人もののように、デザインの奇抜さや、断裁の妙味といった点に凝ってみせるというのではなく、当たり前のものでも、かたちよく仕立ててあれば、それが一番可愛いドレスの決め手です。

3 ストライプ柄のワンピース

ウエストの切り替えを少し落とし、ちょうどベルトをしたように縞の幅に白いラインを貼り、スカートの一段一段に同じく白を繰り返します。同じ生地で三角巾を作って日よけに。

作り方
53ページ

左右に同じ縞が出るように

チェックやストライプの柄で作るとき、袖や衿の左右が、それぞれ同じ位置に同じ線が出るように注意して下さい。たとえば、正方形でないチェックの場合、カラーは正バイアスでとっても左右では違った線が出てきます。そんなときは後ろ中心をつなぎ合わせてもよいから、左右がきちんと同じになるようにして下さい。

4,5

通園・通学の服装としてポピュラーな吊りスカートで、例外なく誰にも似合います。ハイウエストにして吊りひもは肩でリボンのように結んで可愛くいろどります。下に着るブラウスやセーターは飾りの多いものは避け、ことにスカートが縞やチェックだったら必ず下には無地を着るようにします。

袖なしのごく簡単なドレスに、フリルを飾った前立てを衿元にあしらっただけで、ぐっと愛らしさが生まれます。水玉と限らず、チェックでもプリントでも、無地や縞でもよく、前立てとカラーを白にしてみてもよいでしょう。前立てやカラーに模様が出ないような大きなプリントは避けたほうがよいでしょう。

6

三つ並べた丸いポケットのフリルと、ふっくらとふくらんだパフスリーブがいっそう可愛らしさをそえています。洋服を作った時、布が余ったらそのままにしておかないで、おそろいのスカーフを作ったらどうでしょうか。四角形でなくとも三角形で充分です。風のふく日のために、作っておくと便利です。

ワンピース風な夏のねまきです。衿なしで大きくあけ、胸の切りかえにはフリルを飾ってステッチでおさえます。フリルの下のパフスリーブはうんと小さくした方が可愛くなります。着古したお母さまのワンピースからでも、こんな風に作り直してみると、見違えるように愛らしいネグリジェに生まれ変わります。

4 赤いジャンパースカート
5 水玉のブラウス

ウエストからふんわり広がるシルエットが
子どもらしい可愛さを引き立てるジャンパースカート。
中に着たブラウスは、小さめの衿とコンパクトなサイズ感が上品な印象。

作り方
55ページ
58ページ

スカートとブラウスの関係

吊りスカートやジャンパースカートの下に、模様編みのセーターを着せないこと。また柄ものや、無地でも刺しゅうやデザインのあるスカートには必ず無地のセーターかブラウスを組み合わせ、逆に、セーターやブラウスに模様があれば、スカートは必ず無地にします。ひとつひとつは可愛くても、両方に模様があると可愛さは死んで、飾りたてているというだけで見苦しいものです。

6 水玉のワンピース

ポケットのフリルやパフスリーブがシンプルながらも
可愛らしいワンピース。身頃と共布にかぎらず、
一つずつちがった色のポケットをつけても、童話的な楽しさがあふれます。

作り方
60ページ
75ページ

遊び着は
たのしい
おしゃれを

子どもの遊び着は、どうせ汚すのだからと、実用一点張りも味気ないし、よそゆきの古くなったもので間に合わせるにしても、いつもそれではさびしすぎます。わずかな布で簡単に出来るのですから、遊び着は遊び着としてたのしい夢をもったものを作ってやりたいものです。

7

肩から胸元いっぱいをおおう、思いきり大きいカラーが、いかにもフレッシュなワンピースです。カラーの端をいろどるボウは配色のよい別布にしてステッチをきかせたのが、かっちりしたまとまりを与えています。カラーの大きさは中途半端にならぬよう、思いきり大きい方が素敵です。

真白な大きなカラーが新鮮で、シャープな感じのワンピースです。身頃は全体に大きく4つのボックスプリーツをたたんだもので、肩をおおう大きなカラーは、プリーツの幅と同じ間隔にボタンホールしてボタンをとめ、パッキリしたアクセントに。袖を長くして、薄手のウールなどで冬の合着にしても。

8

フレアーをたっぷり波うたせた、プリンセスシルエットのワンピースです。両わきのスラッシュから、共布で作ったリボンをのぞかせ可愛く結んだのがポイントで、ロマンティックな印象を与えています。水玉や小さな花模様の生地で作って、リボンをその中の1色、または黒にしてみてもよいでしょう。

ちょっと気取った感じのプリンセス・スタイルのよそゆき。肩から胸元をおおうケープ風なカラーの白さが新鮮な印象です。カラーの左右にリボンをとめたのがアクセントで、可愛くふくらんだパフスリーブとともに、愛らしさをそえています。カラーやリボンにそれぞれパイピングして改まった感じを強調。

7 ビッグカラーワンピース

大きなボックスカラーに赤いリボンがインパクトのあるワンピース。
フレンチスリーブとローウエストの切り替えが可憐な印象です。
ウール地で作れば、よそゆきにもぴったり。

作り方
62ページ

> なぜ絵の通りにならないか
>
> スタイルブックの中から可愛いデザインを選んだはずなのに、作って着せてみるとどうも印象が違うような場合、「モデルがいいから」とか「絵だからこういう風になるけれど」とあきらめてはいけません。
> それは例えば、うんと大きい衿が特長なのに中途半端だったり、小さくあるべきものがゆるんでいたり、といったちょっとしたことがあいまいになっているためです。

8 プリンセスラインのワンピース

腰から広がる立体的なシルエットが可愛いワンピース。
ロールカラーの衿が上品で落ち着いた印象にしてくれます。
スカートのフレアーがきれいに出るよう、ハリのある生地を選びましょう。

作り方
64 ページ

プリンセス・スタイルのこと

プリンセス・スタイルは王女という言葉が示すように、ドレッシィな性格をもつものですから遊び着などには不適当です。ウエストの切り替えなしで、上半身はぴったり身体にそわせたこのスタイルは、もともと裁断の上で、はげしい運動には不向きで、無理をするとウエストの縫い目がはじけてしまうおそれがあるので、ちょっと気取ったおしゃれ着にふさわしいものです。

9 花柄のワンピース

リバティプリントの小花柄がロマンティックなワンピース。
胸元から腰にかけて後ろ下がりに巻いたリボンは、
両側にレースを飾って華やかに。春のお出かけにぴったりの1枚です。

作り方
66ページ

大柄のプリント地で作るとき

プリント地でも、あまり模様の大きいものや、模様がとびとびになっているものは、子ども服には不向きです。子ども服はわずかな布地しかいりませんから、よほど裁つときに注意しないと、大きな花が前の方だけ一つ出ていて、うしろは何にも模様がなかったり袖の一方だけに模様が出るとか、衿の左右の感じが全然違ったりして、あまり見よいものではありません。

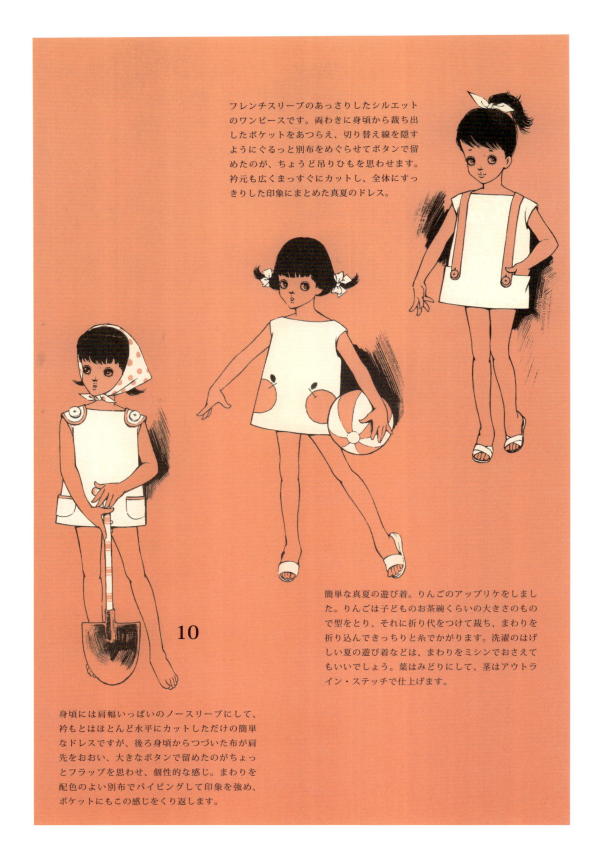

フレンチスリーブのあっさりしたシルエットのワンピースです。両わきに身頃から裁ち出したポケットをあつらえ、切り替え線を隠すようにぐるっと別布をめぐらせてボタンで留めたのが、ちょうど吊りひもを思わせます。衿元も広くまっすぐにカットし、全体にすっきりした印象にまとめた真夏のドレス。

簡単な真夏の遊び着。りんごのアップリケをしました。りんごは子どものお茶碗くらいの大きさのもので型をとり、それに折り代をつけて裁ち、まわりを折り込んできっちりと糸でかがります。洗濯のはげしい夏の遊び着などは、まわりをミシンでおさえてもいいでしょう。葉はみどりにして、茎はアウトライン・ステッチで仕上げます。

身頃には肩幅いっぱいのノースリーブにして、衿もとはほとんど水平にカットしただけの簡単なドレスですが、後ろ身頃からつづいた布が肩先をおおい、大きなボタンで留めたのがちょっとフラップを思わせ、個性的な感じ。まわりを配色のよい別布でパイピングして印象を強め、ポケットにもこの感じをくり返します。

10 白ボタンのパイピングワンピース

ハリのある白のデニム地に青のパイピングがマリン風。
肩のボタンはうんと大きいものを選んでポイントに。
おそろいの水玉模様のスカーフをかぶって海へお出かけしましょう。

作り方
70ページ
75ページ

遊び着の条件

子どもの遊び着は着てラクなことが第一です。手があがらないとか、きゅうくつな思いをしないで自由に動けること。首がきついとか、きゅうくつな思いをしないで自由に動けること。少々汚れても、しわになってもよいもの。洗濯のきく生地で、アイロンかけなども面倒でないデザインにして、気がねなく着られる服であること。そしてもう一つ加えたい大切な条件は、たのしい雰囲気をもたせたいということです。

かんたんな
アップリケで
たのしく

11 いちごのアップリケのワンピース

筒のようなプレーンな身頃ですが、
パフスリーブと低い衿が可愛らしいワンピース。
水玉模様の布でポケットにいちごのアップリケをして、
たのしいいろどりをそえました。

作り方
68ページ

アップリケで たのしく

シミやかぎ裂きをつくったときは、そこにアップリケをしてみてはいかがでしょう。アップリケは図案が難しくてなどと考えがちですが、ただの丸でもりんごや花に見たたりしてたのしく出来ます。シンプルなドレスなら、傷んだところに大きな花をとめ、まわりに小さな花をとばしてみると、つぎを当てたというのでなく、新しいドレスに生まれ変わります。

1
水玉模様をそのまま使っていちごのアップリケをしましょう。必ずしも赤い生地でなくても感じは出せます。

2
まず型紙を作ります。あまり大きい水玉だとちょっと具合がわるいですが。

4
しるしにそって、縫い代をきれいに折込みます。

5
カーブのところは切込みを入れて重ねてもよい。

7
がくになる無地の布地の型紙を置き、やはり適当に縫い代をつけて裁ちます。

8
縫い代を折込みます。きざみの深いところは切込みを入れてきれいに折ります。

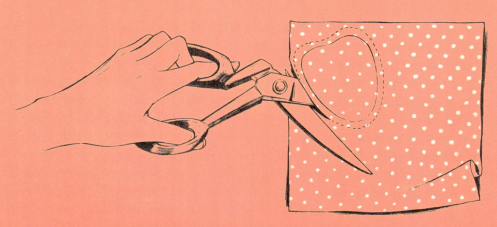

3
型紙を布地の上に固定して、しるしをつけ、
縫い代をつけて周囲を切ります。

水玉で
いちごに

6
きっちりアイロンしてから、周りを一針ずつ、
糸を引きしめてかがります。

9
実の上にとめつけて仕上がりです。ナプキン
やエプロンにしても可愛いでしょう。

いろいろな丸で花や果物を

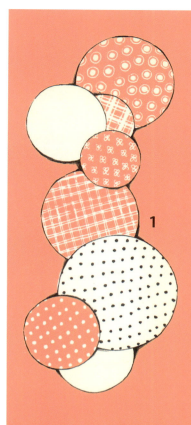
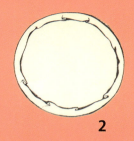
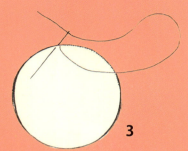

1 いろんな大きさのまんまるを使った、いちばん簡単に出来るたのしいアップリケです。

2 手近にある瓶の底などから丸を写しとって、縫い代をつけて裁ち、ほつれないようにまわりをきれいに折込みます。どのアップリケの場合も、フェルトだったら切りっぱなしで結構です。

3 まわりをかがります。針足をそろえ、糸は引きすぎず、ゆるすぎず、一針ずつしっかりとめるのが、アップリケを美しくするコツです。糸は色の出ないものにして下さい。

4 丸の中にもひとつ小さな丸をとめて、かんたんな葉っぱをつけてお花にしてみました。アウトライン・ステッチで茎を。

5 丸を適当にくずしてみても面白い感じのお花になります。

6 内側に重ねた丸を、太い糸でかがっただけでも、印象が変わります。フェルトだったら毛糸でしてみても趣があります。

7 ただの丸にアウトライン・ステッチで茎をつけただけですが、可愛いりんごになります。

8 丸を重ねて、ちょっと長い茎をステッチしてさくらんぼに。

9 中心に放射状にステッチしてシベに見立てたお花です。何でもないただの丸でも、幾重にも幾重にもいろんな丸を重ねて、花かごのような豪華なものも出来ますし、身のまわりをたのしいアップリケでいろどってやりましょう。

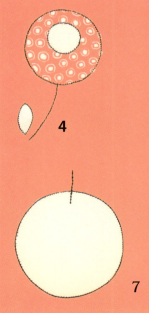
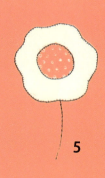

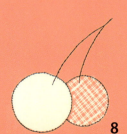

ロマンティックな夢のようなねまきを…

　私たちの毎日のくらしの中で『裏』を作らない心を、子どもの頃から養うようにしましょう。
　女の子は誰でも、幼い頃からシンデレラ姫や白雪姫などの美しいお姫様のお話を聞き、それに憧れながら成長していきます。そのお姫様は夜休むときにもロマンティックな夢のような美しいねまきを着ていたと、女の子なら誰でもそう考えているでしょう。
　ところでお母さまの中には、もう昼間には着られなくなったヨレヨレのゆかたや着古したスリップをねまきにしている方はいないでしょうか。
　着古したものをねまきにするという習慣は、和服を着た時代にはたしかにありました。

和服はよそゆきもねまきも形が同じだから、よそゆきにもう着られなくなったものを普段着におろし、最後にはねまきにする。ですから昔は、着古したちりめんをねまきにするのが一番肌触りもやわらかでいいという人もいたといいます。

　今は日本でももう皆、洋服を着ています。洋服は着古したブラウスとスカートや、ワンピース、スーツをねまきにすることは出来ないで、昼間着るものとねまきとは全く異なったものとして考えることになってしまいますが、着られなくなった普段着はねまきに、という考えからぬけないでいる人もいるようです。

　ねまきは誰にも見られないから何を着てもいいと子どもに思わせることのないように、ロマンティックなねまきを子どもに作って着せてあげてください。

12 ネグリジェ

ゆったりとしたロング丈に、袖のフリルギャザーや
胸元のリボンがロマンティックなネグリジェ。
前開きのボタンがついて脱ぎ着もラクチンです。
肌にやさしい綿ネルで暖かく、いい夢が見られそう。

作り方
72ページ

基本の道具について

作品を作るときに必要な基本の道具を紹介します。

A ハトロン紙
型紙のトレースや製図に使う薄手の紙。実物大型紙の上にのせて、鉛筆でなぞって写す。

B 方眼定規
直線を引いたり、寸法を測って確認するときに使用する。手芸用の薄手の方眼定規が便利。

C リッパー
ミシンの縫い目やしつけの糸を取るときや、ボタンの糸切りなど、はさみでは切りにくい糸を取るときに便利。

D 目打ち
縫い合わせた角をきれいに出したり、印つけなどに使用。角などをミシンがけする際、布を押さえるのにも使用。

E テープメーカー
両折れのバイアステープが、簡単に作れる。袖や衿ぐりの始末などは、共布のバイアステープで仕上げるときれい。

F まち針
縫い合わせる布どうしをとめるのに使用する。薄手の布には細めのまち針を使うとよい。

G メジャー
寸法を測るときに使用。

H ウェイト
型紙をハトロン紙に写すときや、型紙を布に写したり裁断するときにずれないようにのせる重り。

I ペン型チャコ、ペンシル型チャコ
布に型紙を写したり、印などをつけるときに使用。ペン型チャコは、水で消えるタイプか時間が経つと消えるタイプが便利。

J クラフトはさみ
ハトロン紙に写した型紙や接着芯など、布や糸以外を切るときに使う。

K 糸切りばさみ
糸を切るためのコンパクトなはさみ。

L 裁ちばさみ
布を裁つための専用のはさみ。布以外のものを切ると、切れ味が悪くなるので注意する。

糸と針について

手縫いかミシン縫いか、布の厚さなどによって、糸や針を使い分けましょう。

A 絹穴糸＆普通地用縫い針
ボタンつけやまつり縫いなど、手縫いの部分に使用する絹製の糸。

B ミシン糸90番＆ミシン針9番
綿ローンなどの極薄地の布を縫うときに使う、ポリエステル製の糸。

C ミシン糸60番＆ミシン針11番
コットン、リネン、ウールなど、ほとんどの布に使用できる、ポリエステル製の糸。ミシン糸、ミシン針ともに、Bよりも太い。

布について

作品に使用した布です。布選びの参考にしてください。

A　コットンプリント

水玉やストライプなど、定番のプリント柄は無地にはないかわいらしさがある。細かい柄を選べば、柄合わせは不要。

B　綿ローン&レーステープ

薄手でしなやかな生地なので、細かいギャザーがある服に使うと、ギャザーがきれいに出る。色や柄も豊富。薄手のレーステープとも合わせやすい。

C　ツイル

D　デニム

どちらも中厚手の生地で、ボトムに最適。ギャザーがなく、ハリのあるAラインなどの形を保ちたいデザインに向いている。

E　ウール

セミフォーマルに使えるワンピースなど、よそ行きの服におすすめ。スーツに使われる薄手のウールを選ぶとよい。

F　ブロード

ポピュラーな普通地で、服作りの定番の布。ワンピースやシャツ、ブラウスなど、さまざまな服に向いている。

G　つけ衿&カフス使用布

取り外して使うつけ衿とカフスは、汚れやすいパーツなので、洗濯しやすい木綿地で作るのがおすすめ。

H　ポリエステル混紡

化繊が混合されているため、軽くてシワになりにくい。適度なハリがあるので、フレアーのラインなどもきれいに出る。

I　グログラン

ツイルやデニムと同じぐらいの厚さがあり、発色もきれい。リボンにも使われる質感のある生地なので、よそ行きの服に使いたい。

J　幅広レース

ギャザーを寄せて衿のフリルに使用。縁の始末がいらないので、何枚も重ねてつけたいときにも最適。

K　ネル

フランネルの略で、通気性、吸水性、保温性に優れた木綿地。優しい肌触りは、冬用の服やパジャマにもぴったり。

刺しゅう糸と針について

P.78「ひまわりの刺しゅう衿」に刺しゅうをしています。刺しゅうには、専用の糸と針を使いましょう。

A　25番刺しゅう糸

6本の細い糸がゆるく撚り合わされている。適当な長さ（60cmくらいが目安）にカットしたら、必要な本数（2本取りなら2本）を1本ずつ引き抜いてから、合わせて針に通して使う。

B　フランス刺しゅう針

針穴が大きく細長いのが特徴で、糸が通しやすい。番号が大きいほど細くなり、使用する25番刺しゅう糸の本数によってサイズを選ぶ。

「基本のワンピース」を作りましょう

10 ページ

型紙A面 前身頃、後ろ身頃、袖、前見返し、後ろ見返し

出来上がり寸法
＊左から 100 ／ 110 ／ 120cm サイズ

バスト…約 67 ／約 71 ／約 75cm
着丈…約 44 ／約 51 ／約 58cm
袖丈…約 31.5 ／約 34.5 ／約 37.5cm

材料
＊左から 100 ／ 110 ／ 120cm サイズ

ウール地（紺）…150cm 幅を 55 ／ 60 ／ 70cm
接着芯…50×20cm
1.2cm 幅の接着テープ…50 ／ 55 ／ 60cm
コンシールファスナー（紺）…22 ／ 25 ／ 28cm 以上

裁ち合わせ図
＊単位は cm。
＊裁ち切りと指定以外の縫い代は 1 cm。
＊□は、前・後ろ見返しと袖口の縫い代には接着芯、後ろ身頃の後ろ中心には接着テープを、それぞれ貼る。

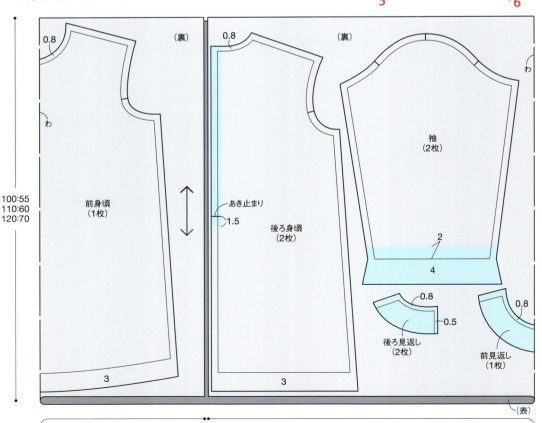

40

作り方 ※単位は cm。わかりやすいよう、別の布と赤い糸を使って解説。

1 ファスナーをつける

①左・右後ろ身頃の肩と後ろ中心、脇の縫い代に、それぞれジグザグミシン(以下、ロックミシンでも可)をかける。

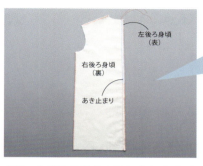

②左・右後ろ身頃を中表に合わせる。上端からあき止まりまで粗い針目で縫い、あき止まりで針目を普通に戻したら返し縫いをしてから下端まで縫う。

check!
粗い針目で縫う場合は、後でほどきやすいようミシンの針目を4〜5mmに設定して縫う。

③縫い代を割り、アイロンで押さえる。

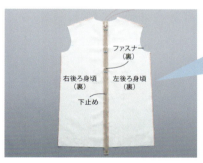

④③の縫い代の上にファスナーの表側を合わせてのせ、縫い代の布とファスナーのみをすくってまち針でとめる。ファスナーの下止めは、あき止まりより5cm以上下まで移動しておく。

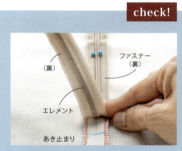

check!
後ろ身頃のはぎ目に、ファスナーのエレメントの中央を合わせる。

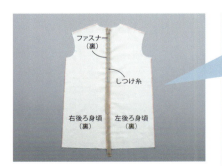

⑤あき止まりの1cmほど手前まで、まち針でとめた部分にしつけをする。②の粗い針目の部分の糸を取る。

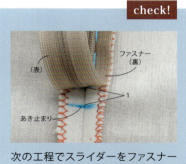

check!
次の工程でスライダーをファスナーの下まで下ろすため、あき止まりの上をしつけをせずにあけておく。

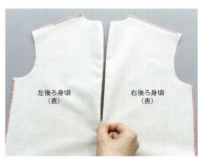

⑥表側から、ファスナーのスライダーをあき止まりの手前まで下げる。

⑦裏に返してファスナーを持ち上げ、⑤であけておいた隙間からスライダーを引き出す。

⑧スライダーを下止めの位置まで下げる。

「コンシール押さえ」について

コンシールファスナー専用の押さえ金で、押さえ金の溝にはめたエレメントを起こしながら際を縫うことができる。

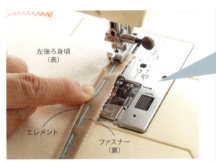

⑨ミシンの押さえ金を「コンシールファスナー押さえ」に替える。押さえ金の左の溝に右後ろ身頃側のファスナーのエレメントをはさむ。

check!

コンシールファスナーのエレメントは丸まっているので、指で広げて押さえ金の溝にはさむ。

⑩返し縫いをしてから縫い始め、常にファスナーのエレメントを指で広げながら縫っていく。

⑪あき止まりの0.1～0.2cm手前まで縫い、返し縫いをする。

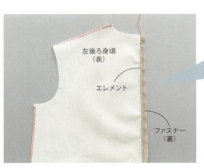

⑫右後ろ身頃側のファスナーが縫い終わる。

check!

エレメントの際を縫っているので、丸まったエレメントを広げないと縫い目は見えない。

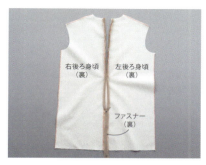

⑬左後ろ身頃は、押さえ金の右の溝にファスナーのエレメントをはさみ、⑩、⑪と同様に縫う。しつけを取る。

⑭ファスナーのスライダーを裏側からつまみ、そのままあき止まりの上まで上げる。

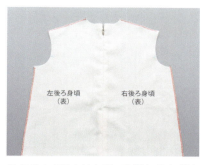

⑮あき止まりより上は、表側から上端までファスナーを閉める。表側からはファスナーが見えない。

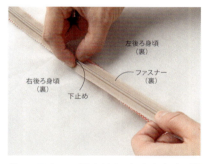

⑯ファスナーの下止めを、あき止まりの下まで移動する。

⑰ファスナーの下止めの両脇を平ペンチではさみ、つぶして固定する。

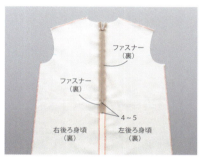

⑱下止めから4〜5cm下で、ファスナーをカットする。

2 肩を縫う

①前身頃の肩と脇に、それぞれジグザグミシンをかける。

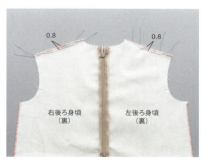

②左・右後ろ身頃のそれぞれの肩の縫い代を、粗い針目で縫う。縫い始めと終わりの糸は、長めに残しておく。

③前身頃と後ろ身頃を中表に合わせ、左右の肩それぞれの端どうしを合わせてまち針でとめる。

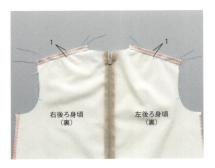

④②の縫い目を指で押さえながら上糸を引いて、前身頃の肩幅に合わせて少しギャザーを寄せる。

> **check!**
> 前身頃より後ろ身頃の肩幅の方が少し広くなっているため、立体的な仕上がりになる。これを「いせる」という。このほか、同様に立体的な仕上がりにするために、後ろ身頃の肩にダーツを入れている作品もある。

⑤③のまち針の間を2か所ほどまち針でとめる。

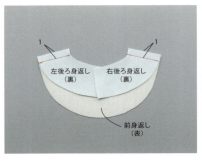

⑥肩を端から端まで縫う。

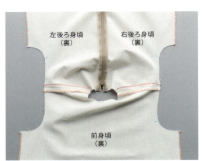

⑦縫い代を割り、アイロンで押さえる。

3 見返しをつける

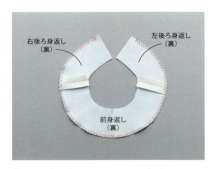

①前見返しに、左・右後ろ見返しをそれぞれ中表に合わせて縫う。

②縫い代を割り、アイロンで押さえる。周囲にジグザグミシンをかける。

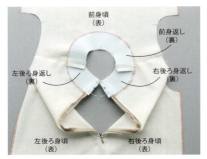

③前・後ろ身頃の衿ぐりに前・後ろ見返しを中表に合わせ、後ろ身頃のファスナーと縫い代を起こして端をまち針でとめる。

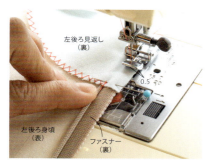

④ミシンの押さえ金を「片押さえ」に替えて縫う。ファスナーの中央の位置に合わせて、後ろ見返しの上を縫う。

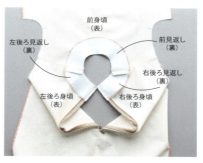

⑤後ろ見返しの両端を縫ったところ。

「片押さえ」について

押さえ金がファスナーのエレメントの上に乗り上げてしまうと真っ直ぐ縫えないので、押さえ部分の横幅の狭い「片押さえ」を使う。

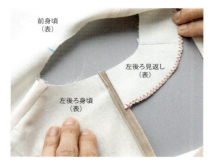

⑥前・後ろ見返しを開き、再びファスナーのエレメントの端に沿って折り、前・後ろ身頃に中表に合わせる。

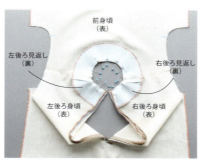

⑦前・後ろ身頃の肩のはぎ目と前・後ろ見返しのはぎ目と、前中心どうしを合わせ、衿ぐりをまち針でとめる。

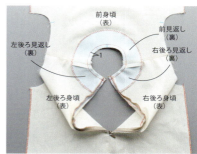

⑧衿ぐりの端から端まで縫う。

⑨衿ぐりの縫い代に切り込みを入れ、角の縫い代を斜めにカットする。

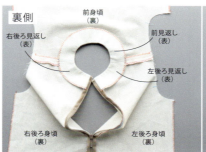

⑩前・後ろ見返しを表に返す。衿ぐりを星止めし、肩部分をまつる。

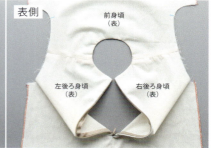

check!

星止めとは、目立たないように小さな針目で、返し縫いの要領で縫うこと。見返し側から、衿ぐりの縫い代だけをすくって縫う。

4 袖を縫う

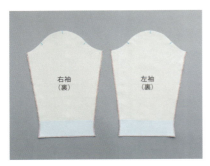
①袖2枚の左右（袖下）と袖口の縫い代に、それぞれジグザグミシンをかける。

②袖口の縫い代を裏側に折り、アイロンで押さえてから開く。袖を中表に合わせて袖下を縫う。

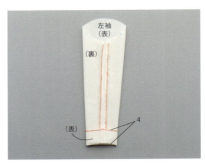
③縫い代を割り、アイロンで押さえる。袖口の縫い代を折り戻す。袖口を1周、まつり縫いする。

5 脇を縫って袖をつける

①前・後ろ身頃を中表に合わせ、脇を縫う。縫い代を割り、アイロンで押さえる。

②前・後ろ身頃の左袖ぐりに、左袖を中表に合わせてまち針でとめる。

check!
前・後ろ身頃の肩のはぎ目と袖山の印、前・後ろ身頃と袖の脇のはぎ目どうしを合わせてまち針でとめてから合印どうしをとめ、さらにその間を均等にまち針でとめる。

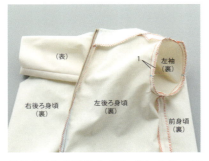
③袖ぐりを1周縫う。縫い代に2枚一緒にジグザグミシンをかけ、袖側に倒す。

④②〜③と同様に、右袖を縫いつける。

6 裾を縫う

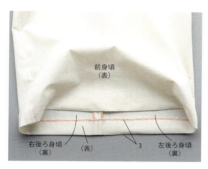

①裾の縫い代に1周ジグザグミシンをかけてから裏側に折り、アイロンで押さえる。1周まつり縫いする。

②出来上がり。

ミシンでまつり縫いをしても

裾のように長い距離をまつり縫いするときには、ミシンのまつり縫い機能を使うと便利。専用の押さえ金を使って縫う。

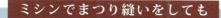

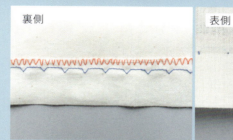

①身頃を折り返し、縫い代の裏側から縫う。

②縫ったところ。

● 衿とカフスのつけ方

基本のワンピースには、別に作った衿やカフスをつけることができます。デザイン違いで作っておくと、アレンジが楽しめます。

身頃の衿ぐりに、台衿の下端をしつけ糸1本取りでまつり縫いする。

袖の端にカフスの折り山を合わせ、袖の裏側からしつけ糸1本取りでぐし縫いする。カフスを袖の上に折り返す。

● 玉縁ボタンホールの作り方

P.27「白ボタンのパイピングワンピース」の、ボタンホールの作り方を解説します。

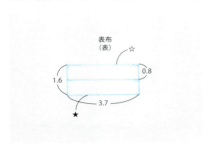

①表布の表側のボタンホールを開けたい位置に、印をつける。印の裏側に、5×3.5cmの接着芯を貼る（⑤参照）。

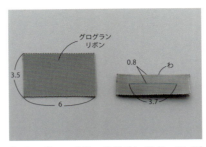

②グログランリボンを半分に折り、ペン型チャコで線を引く。

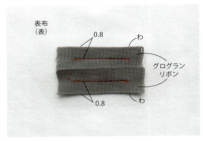

③表布の印（★と☆）にそれぞれグログランリボンの線を合わせ、線の上を縫う。

④表布の裏側に、切り込みを入れる。グログランリボンを一緒に切らないように注意する。

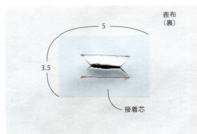

⑤切り込みを入れ終わったところ。

⑥表布の表側から、グログランリボンを裏側に入れ込む。

⑦表布を中表に折り、三角の縫い代とリボンの縦をそれぞれ縫う。

⑧表布と見返し布を外表に重ね、ボタンホールの角を目打ちで刺して見返し布に角4ヵ所の印をつける。

⑨⑧の印（穴）を元に、見返し布の表側に線を描く。線に沿って切り込みを入れる。

⑩グログランリボンの縫い目に⑧の切り込みを外表に合わせ、布端を裏側に折り込んでまち針でとめる。

⑪周囲をまつり縫いする。

材料と作り方

＊サイズは、100／110／120cmの3サイズ展開です。
＊出来上がり寸法のバストは前・後ろ身頃の脇下を1周、着丈は後ろ身頃の衿ぐりから裾まで、
　袖丈は袖山から袖口までを測ったものです。
＊着丈を長くしたい場合は、前または後ろ中心と脇線を伸ばしたい分だけ延長して引き、
　裾のラインに沿ってつなぎます。袖丈を長くしたい場合は、
　両脇の線を伸ばしたい分だけ延長して引き、袖口のラインに沿ってつなぎましょう。
＊材料の布の寸法は、ヨコ×タテです。
＊裁ち合わせ図に寸法が記載されているパーツは、型紙がありません。
　指定の寸法に合わせて、定規で線を引きましょう。
＊作り方に記載されているジグザグミシンの処理は、ロックミシンでも可能です。

2 フリル衿のワンピース

13ページ

型紙 A 面　前身頃、後ろ身頃

出来上がり寸法

＊左から100／110／120cmサイズ
バスト…約67／約71／約75cm
着丈…約44／約51／約58cm

材料

＊左から100／110／120cmサイズ
グログラン（赤）…120cm幅を55／60／70cm
幅9cmの幅広レース（白）…A：80／82／84cm
　　　　　　　　　　　　　B：100／102／104cm
　　　　　　　　　　　　　C：130／132／134cm
　　　　　　　　　　　　　D：40／42／44cm
　　　　　　　　　　　　　E：19／20／21cmを2枚
1.25cm幅のバイアステープ（両折れタイプ／赤）…70／75／80cm
1cm幅のバイアステープ（縁取りタイプ／白）…75／80／85cm
1.2cm幅の接着テープ…50／55／60cm
コンシールファスナー（赤）…22／25／28cm以上
0.7cm幅の伸び止めテープ

裁ち合わせ図

＊単位はcm。
＊裁ち切りと指定以外の縫い代は1cm。
＊■は、前後衿ぐりに伸び止めテープ、後ろ身頃の後ろ中心に接着テープを貼る。
＊前・後ろ身頃の表側に、レースつけ位置の印をつける。

作り方順序

作り方

＊単位はcm。

1 ファスナーをつける

左・右後ろ身頃の後ろ中心の縫い代にジグザグミシンをかけ、P.41「基本のワンピース」の作り方1-②〜⑱と同様にファスナーをつける。

2 肩を縫う

①左・右後ろ身頃のダーツを中表に合わせて縫う。縫い代は後ろ中心側に倒す。

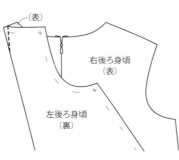

②左・右後ろ身頃の肩の縫い代に、それぞれジグザグミシンをかける。

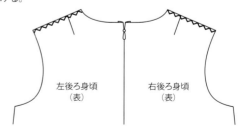

③前身頃の両肩の縫い代に、それぞれジグザグミシンをかける。
④P.44「基本のワンピース」の作り方2-⑥、⑦と同様に、前身頃と後ろ身頃を中表に合わせて肩を縫う。

3 袖ぐりを縫う

①バイアステープ（両折れタイプ）の片方の折り山を開き、前・後ろ身頃の袖ぐりに端を揃えて中表に合わせ、折り筋の上を縫う。バイアステープの余分はカットし、カーブの縫い代に切り込みを入れる。

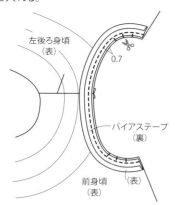

②バイアステープの折り山を戻して、前・後ろ身頃の裏側に0.1cm控えて折り込んで縫う。

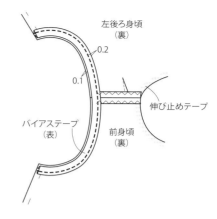

4 レースを縫いつける

①すべてのレースの左右の端を、それぞれ三つ折りにして縫う。

②それぞれのレースの表側に縫い線を引き、上端を図のようにピンキングばさみでカットするか、端にジグザグミシンをかける。

★＝100:6／110:6.5／120:7
レースA＝0.8
レースB・C＝1.5

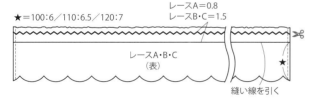

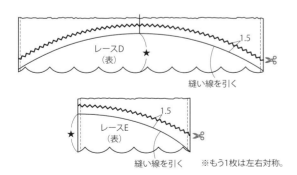

※もう1枚は左右対称。

③すべてのレースの縫い線の上に、ギャザー用に粗い針目で2本縫う。

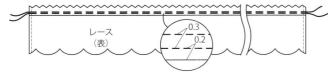

④前身頃の表側にレースD、後ろ身頃の表側にレースEをそれぞれのせる。前・後ろ身頃のレースつけ位置の印にレースの縫い線を合わせてギャザーを寄せ、縫い線の上を縫う。

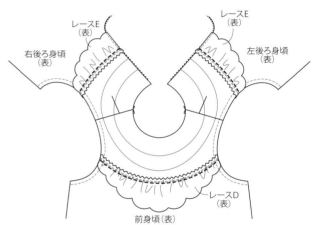

⑤レースC、Bは、前・後ろ身頃に続けて④と同じ要領で縫う。レースAは、端を前・後ろ身頃の衿ぐりに合わせて縫う。

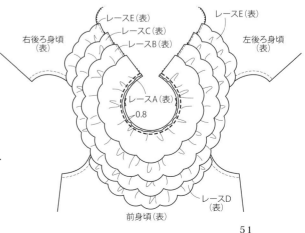

5 衿ぐりの始末をする

①バイアステープ（縁取りタイプ）の折り山を開き、レースA（前・後ろ身頃の衿ぐり）に中表に合わせて縫う。余分はカットし、カーブの縫い代に切り込みを入れる。

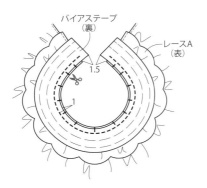

②バイアステープを折り戻し、前・後ろ身頃の裏側に折り込んで縫う。

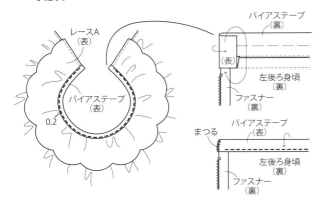

③残りのバイアステープを100:39／110:40／120:41cmの長さにカットする。図のように折り山を開いて左右の端を裏側に折り、折り山を戻して端を縫う。

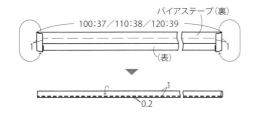

④③を蝶結びし、②の前中心に縫いつける。

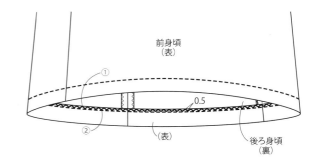

6 脇を縫う

前・後ろ身頃を中表に合わせ、脇を縫う。縫い代に2枚一緒にジグザグミシンをかけ、後ろ身頃側に倒す。

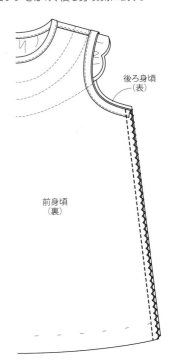

7 裾を縫う

①裾の縫い代に1周、ジグザグミシンをかける。
②縫い代を裏側に折り、1周縫う。

3 15ページ ストライプ柄のワンピース

型紙A面　前身頃、後ろ身頃、前見返し、後ろ見返し、三角巾

出来上がり寸法
＊左から100／110／120cmサイズ
バスト…約66.5／約70.5／約74.5cm
着丈…約42／約49／約55.5cm

材料
＊左から100／110／120cmサイズ
30コーマバーバリー（白と水色のストライプ柄）…
　112cm幅を110／120／130cm
幅1.5cmのグログランリボン（白）…
　ワンピース用：405／415／425cm
　三角巾用：104／106／108cm
1.25cm幅のバイアステープ（両折れタイプ／白）…65／70／75cm
接着芯…55×45／55×45／55×50cm
1.2cm幅の接着テープ…50／55／60cm
コンシールファスナー（白）…22／25／28cm以上

裁ち合わせ図
＊単位はcm。
＊裁ち切りと指定以外の縫い代は1cm。
＊ は、前・後ろ見返しに接着芯、後ろ身頃の後ろ中心に接着テープを、それぞれ貼る。
＊前・後ろ身頃の表側に、上スカートつけ位置の印をつける。

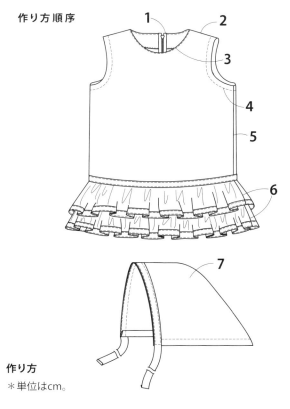

作り方
＊単位はcm。

1 ファスナーをつける
左・右後ろ身頃の後ろ中心の縫い代にジグザグミシンをかけ、P.41「基本のワンピース」の作り方1−②〜⑱と同様にファスナーをつける。

2 肩を縫う
P.50「フリル衿のワンピース」の作り方2と同様に、肩を縫う。

53

3 見返しをつける

①P.44「基本のワンピース」の作り方 **3** − ①〜⑨と同様に見返しを縫う。
②前・後ろ見返しを表に返し、前・後ろ身頃側から衿ぐりを縫う。

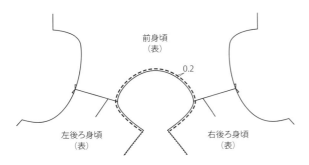

4 袖ぐりを縫う

P.51「フリル衿のワンピース」の作り方 **3** と同様に、袖ぐりを縫う。

5 脇を縫う

①前・後ろ身頃の脇の縫い代にジグザグミシンをかける。
②前・後ろ身頃を中表に合わせ、脇を縫う。縫い代を割る。

③裾の縫い代に1周、ジグザグミシンをかける。

6 上・下スカートを縫う

①下スカートの下端を表側に折る。

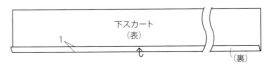

②リボンをのせ、上下の端を縫う。
③左右の脇と上端に、ジグザグミシンをかける。

④上端を、ギャザー用に粗い針目で2本縫う。

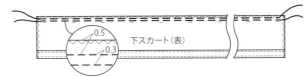

⑤下スカート2枚を中表に合わせ、左右の脇を縫う。縫い代を割る。

⑥①〜⑤と同様に、上スカートを縫う。ただし、③で上端にジグザグミシンをかけなくてもよい。
⑦上スカートにギャザーを寄せ、前・後ろ身頃の表側の上スカートつけ位置に1周縫う。

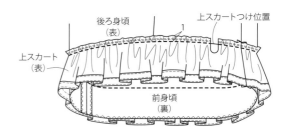

⑧⑦の縫い目に後ろ中心からリボンを合わせ、上下の端を1周縫う。

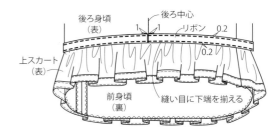

⑨下スカートにギャザーを寄せ、前・後ろ身頃の表側の下から1.5cmの位置に1周縫う。

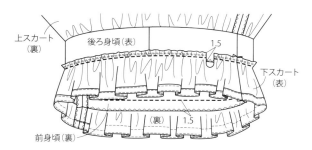

7 三角巾を作る

①三角巾の前端に、ジグザグミシンをかける。
②三角巾を中表に合わせて折り、後ろ中心を縫う。
③縫い代に2枚一緒にジグザグミシンをかけ、片側に倒す。
④左右の縫い代を三つ折りし、角を図のように合わせて続けて縫う。

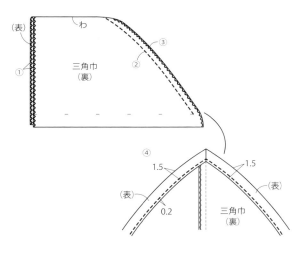

⑤表側の前端にリボンをのせ、四角く縫う。
⑥リボンの端を三つ折りにしてまつる。

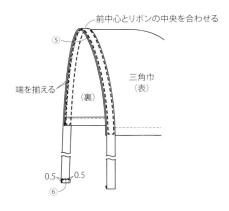

4 赤いジャンパースカート

18ページ

型紙 A 面　前身頃、後ろ身頃、前見返し、後ろ見返し

出来上がり寸法

＊左から100／110／120cmサイズ
ウエスト…約60／約64／約68cm
着丈（肩ひもを除く）…約24.5／約29／約33.5cm

材料

＊左から100／110／120cmサイズ
ツイル（赤）…110cm幅を100／110／115cm
1.2cm幅の接着テープ…35／35／40cm
コンシールファスナー（赤）…14／15／16cm以上

裁ち合わせ図

＊単位はcm。
＊裁ち切りと指定以外の縫い代は1cm。
＊　　は、後ろ身頃と後ろスカートの後ろ中心に接着テープを貼る。

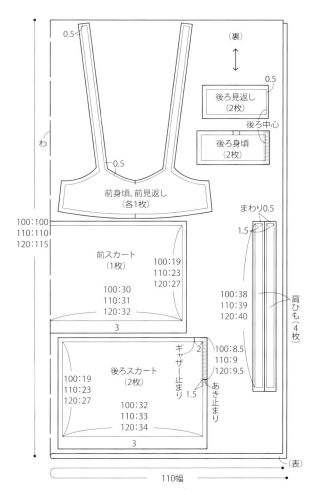

作り方

＊単位はcm。

1 前・後ろ身頃、前・後ろ見返しをそれぞれ縫う

①前身頃と後ろ身頃を中表に合わせて縫う。縫い代を割る。

作り方順序

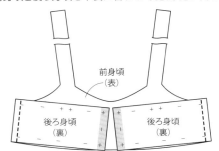

②①と同様に、前見返しと後ろ見返しを中表に合わせて縫う。縫い代を割る。

2 スカートを縫う

①前スカートと後ろスカートの脇の縫い代に、それぞれジグザグミシンをかける。
②前スカートと後ろスカートを中表に合わせて縫う。縫い代を割る。

③前・後ろスカートの上端を、ギャザー用に粗い針目で2本縫う（P.54「ストライプ柄のワンピース」の作り方6-④参照）。

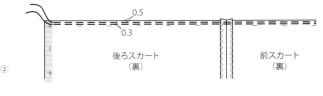

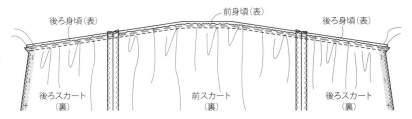

3 身頃とスカートを縫い合わせる

①前・後ろスカートにギャザーを寄せ、前・後ろ身頃に中表に合わせて縫う。

②縫い代を前・後ろ身頃側に倒し、表側からステッチで押さえる。

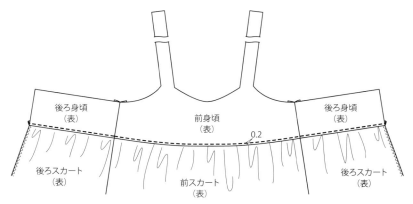

4 ファスナーをつける

①後ろ身頃+後ろスカートを中表に合わせ、P.41「基本のワンピース」の作り方 **1** −②と同様に縫う。

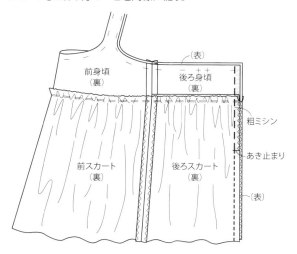

②「基本のワンピース」の作り方 **1** −③〜⑱と同様にファスナーをつける。

5 肩ひもをつける

①肩ひも2枚を中表に合わせて縫う。縫い代の角を斜めにカットしてから表に返し、端を縫う。

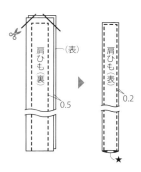

②後ろ身頃の表側の肩ひもつけ位置に、肩ひも2本を仮留めする。

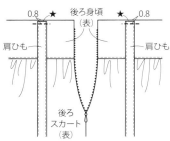

6 見返しをつける

①後ろ見返しの下端の縫い代を裏側に折って後ろ身頃に中表に合わせ、P.44「基本のワンピース」の作り方 **3** −③〜⑥と同様に縫う。

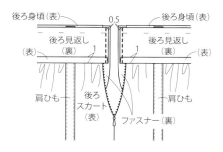

②前・後ろ身頃と前・後ろ見返しを中表に合わせて縫う。カーブ部分の縫い代に切り込みを入れ、角をカットする。

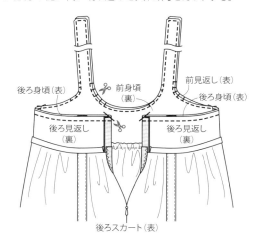

③前・後ろ見返しを表に返し、前・後ろスカートの縫い目の上にまつり縫いする。
④前・後ろ身頃側から、上端を続けて縫う。

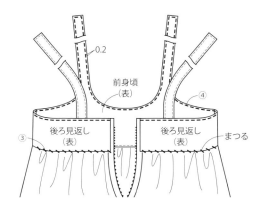

7 裾を縫う

P.52「フリル衿のワンピース」の作り方 **7** と同様に、裾を縫う。

5　18ページ　水玉のブラウス

型紙 A 面　前身頃、後ろ身頃、袖、衿

出来上がり寸法

＊左から100／110／120cmサイズ
バスト…約67／約71／約75cm
着丈…約39／約43／約47.5cm
袖丈…約9／約11／約13cm

材料

＊左から100／110／120cmサイズ
ブロード（白地に赤の水玉柄）…110cm幅を75／80／85cm
接着芯…55×45／55×45／55×50cm
直径1.5cmのボタン… 5個

裁ち合わせ図

＊単位はcm。
＊裁ち切りと指定以外の縫い代は 1 cm。
＊■は、前身頃の見返しと衿1枚（表衿になる）に接着芯を貼る。
＊左前身頃の表側にボタンつけ位置の印、右前身頃の表側にボタンホールの位置の印をそれぞれつける。

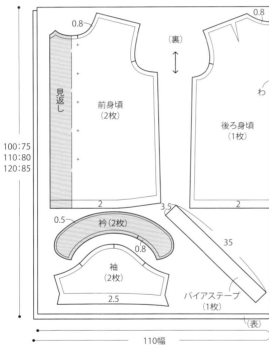

作り方

＊単位はcm。

1　前身頃の見返しの端を縫う

前身頃のそれぞれの見返しの端を裏側に折って縫う。見返しに折り筋をつけておく。

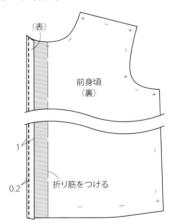

2　肩を縫う

①後ろ身頃の両肩のダーツを中表に合わせて縫う。縫い代は後ろ中心側に倒す。

②前身頃と後ろ身頃を中表に合わせ、肩を縫う。縫い代に2枚一緒にジグザグミシンをかけ、前身頃側に倒す。

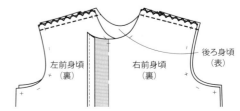

作り方順序

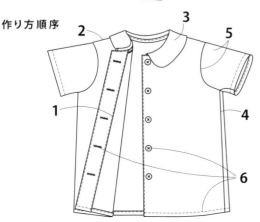

3 衿を縫う

①表衿と裏衿を中表に合わせて縫う。カーブ部分に切り込みを入れて表に返し、アイロンで形を整える。

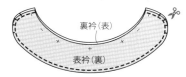

②前・後ろ身頃の表側の衿元に、裏衿を合わせる。前身頃の見返しを表側に折り、端から端まで縫う。
③前身頃の裾の見返しを中表に折って縫う。
④③の縫い代を図のようにカットする。

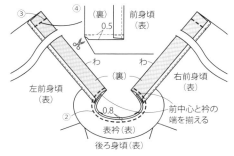

⑤バイアステープを幅18mmのテープメーカで折るか、上下の端を裏側に折ってアイロンで押さえる。

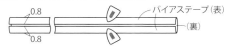

⑥バイアステープの折り山を開き、表側を表衿の上に合わせて、バイアステープの余分をカットして縫う。衿ぐりのカーブに切り込みを入れる。縫い代の角を斜めにカットする。

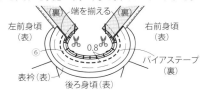

⑦バイアステープを折り戻し、前・後ろ身頃の裏側に折り込んで縫い代をはさんで縫う。

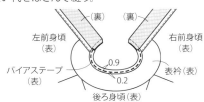

前身頃の見返しを表に返し、アイロンで形を整える。

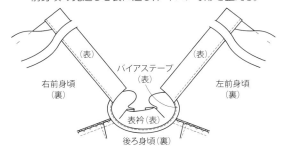

4 脇を縫う

前・後ろ身頃を中表に合わせ、脇を縫う。縫い代に2枚一緒にジグザグミシンをかけ、前身頃側に倒す。

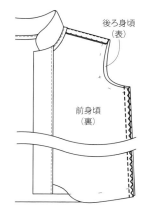

5 袖を縫ってつける

①袖口の縫い代を三つ折りにし、アイロンで押さえる。

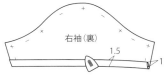

②①を開き、中表に合わせて袖下を縫う。縫い代に2枚一緒にジグザグミシンをかけ、後ろ側に倒す。

③袖口を三つ折りにして縫う。

④P.46「基本のワンピース」の作り方5－②～④と同様に袖をつける。

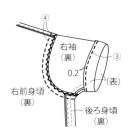

6 裾と前端を縫い、ボタンをつける

①裾を幅1cmの三つ折りにし、衿ぐり～前端～裾を続けて1周縫う。
②右前身頃にボタンホールを作る。
③左前身頃にボタンを縫いつける。

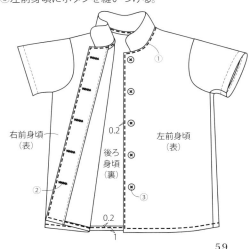

6 水玉のワンピース

19ページ

| 型紙 A 面 | 前身頃、後ろ身頃、袖、ポケット、前見返し、後ろ見返し |

出来上がり寸法
＊左から100／110／120cmサイズ
バスト…約67／約71／約75cm
着丈…約44／約51／約58cm
袖丈…約13／約14.5／約16cm

材料
＊左から100／110／120cmサイズ
50コマブロード（白地にピンクの水玉柄）…
　　112cm幅を90／100／110cm
接着芯…50×20cm
1.2cm幅の接着テープ…50／55／60cm
コンシールファスナー（白）…22／25／28cm以上

裁ち合わせ図
＊単位はcm。
＊裁ち切りと指定以外の縫い代は1cm。
＊□□は、前・後ろ見返しに接着芯、後ろ身頃の後ろ中心に接着テープを、それぞれ貼る。
＊前身頃の表側に、ポケットつけ位置の印をつける。

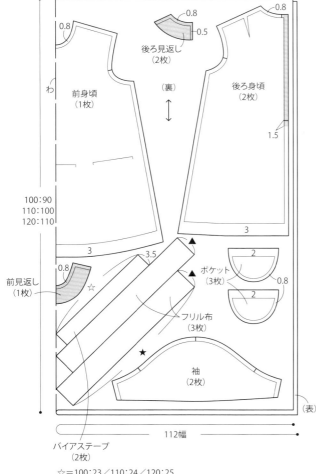

☆＝100:23／110:24／120:25
★＝100:37／110:38／120:39
▲＝100:5.2／110:5.6／120:6

作り方順序

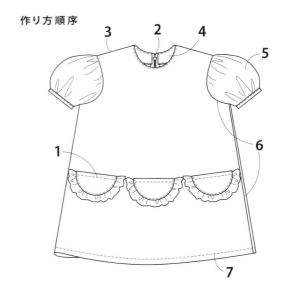

作り方
＊単位はcm。

1 ポケットをつける
①フリル布を中表に半分に折り、左右の端を縫う。縫い代の角を斜めにカットする。

②表に返し、上端をギャザー用に粗い針目で2本縫う。ギャザーを寄せる。

③ポケットの入れ口の縫い代を三つ折りにして縫う。
④残りの縫い代を裏側に折り、アイロンで押さえる。

⑤前身頃の表側のポケットつけ位置に、それぞれフリルをはさんでポケットをのせて縫う。

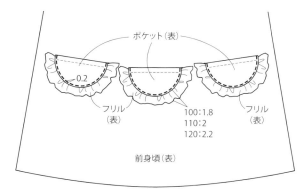

2 ファスナーをつける
左・右後ろ身頃の後ろ中心の縫い代にジグザグミシンをかけ、P.41「基本のワンピース」の作り方**1**-②〜⑱と同様にファスナーをつける。

3 肩を縫う
①P.50「フリル衿のワンピース」の作り方**2**-①と同様に、後ろ身頃のダーツを縫う。
②前・後ろ身頃の左右の脇の縫い代に、それぞれジグザグミシンをかける。
③前身頃と後ろ身頃を中表に合わせ、肩を縫う。縫い代に2枚一緒にジグザグミシンをかけ、前身頃側に倒す。

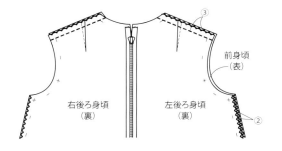

4 見返しをつける
P.54「ストライプ柄のワンピース」の作り方**3**と同様に、見返しをつけて衿ぐりを縫う。

5 袖を縫う
①袖の袖口と袖山の縫い代を、ギャザー用に粗い針目でそれぞれ2本縫う。

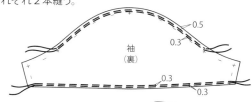

②袖を中表に折り、袖下を縫う。縫い代に2枚一緒にジグザグミシンをかけ、後ろ側に倒す。

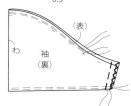

③バイアステープを幅18mmのテープメーカで作ってさらに半分に折るか、図のように折る。折り山を開き、中表に合わせて縫う。縫い代を割る。

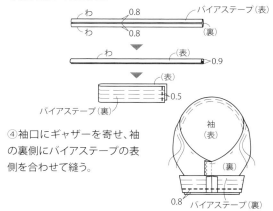

④袖口にギャザーを寄せ、袖の裏側にバイアステープの表側を合わせて縫う。

⑤バイアステープの折り山を戻して縫い代をくるみ、袖の表側からバイアステープの端を縫う。袖山側のギャザーを寄せておく。

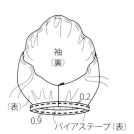

6 脇を縫って袖をつける
P.46「基本のワンピース」の作り方**5**と同様に、脇を縫って袖をつける。

7 裾を縫う
裾の縫い代を三つ折りにして縫う。

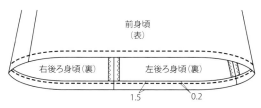

7 22ページ ビッグカラーワンピース

型紙 B 面 前身頃、後ろ身頃、袖、衿、前見返し、後ろ見返し

出来上がり寸法
*左から100／110／120cmサイズ
バスト…約67／約71／約75cm
着丈…約42.5／約48.5／約55cm
袖丈…約5.5／約6.5／約7.5cm

材料
*左から100／110／120cmサイズ
ウールストレッチ（緑）…146cm幅を80／85／90cm
コーマギャバジン（白）…114cm幅を40／45／50cm
接着芯…60×40／60×45／60×50cm
1.2cm幅の接着テープ…50／55／60cm
コンシールファスナー（緑）…22／25／28cm以上
2.5cm幅のシルクリボン（赤）…
　A：18cmを2本、B：6cmを2本、
　C：22cm、D：29／32／35cm

裁ち合わせ図
*単位はcm。
*裁ち切りと指定以外の縫い代は1cm。
* ■ は、前・後ろ見返しと衿1枚（表衿になる）に接着芯、後ろ身頃の後ろ中心に接着テープを、それぞれ貼る。

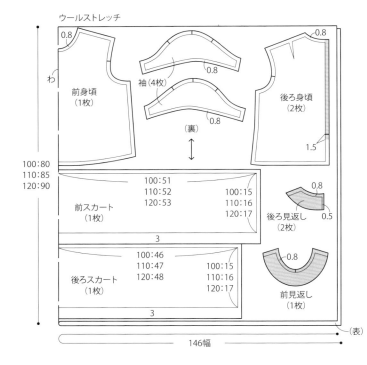

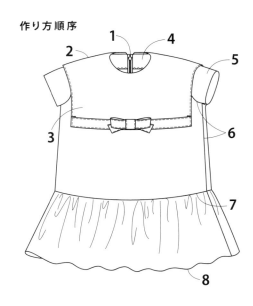

作り方順序

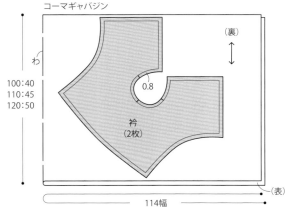

作り方
*単位はcm。

1 ファスナーをつける
左・右後ろ身頃の後ろ中心の縫い代にジグザグミシンをかけ、P.41「基本のワンピース」の作り方1－②～⑱と同様にファスナーをつける。

2 肩を縫う
P.50「フリル衿のワンピース」の作り方2と同様に、肩を縫う。

3 衿を作る

①衿2枚を中表に合わせて縫う。カーブに切り込みを入れ、角の縫い代を斜めにカットする。

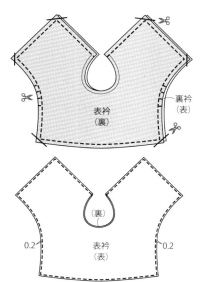

②表に返し、端を縫って押さえる。

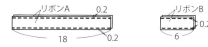

③リボンAとBはそれぞれ2枚重ね、上下の端を縫う。

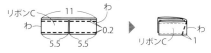

④リボンCは両端を図のように折って重ね、上下の端を縫う。半分に折って、中央を斜めに縫う。

⑤リボンCにAを重ね、中央をBで巻いて裏側でまつる。

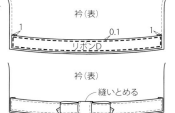

⑥衿の前端にリボンDをのせ、端を四角く縫う。

⑦⑥のリボンの中央に、⑤を縫いとめる。

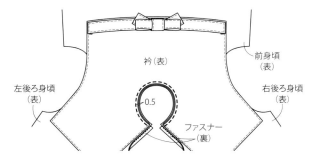

4 衿と見返しをつける

①前・後ろ身頃の表側に、衿を仮留めする。

②P.44「基本のワンピース」の作り方 **3**-①~⑨と同様に見返しを縫う。

5 袖を縫う

①袖を中表に折り、袖下を縫う。

②①を2枚重ね、袖口を1周縫う。

③表に返し、アイロンで形を整える。

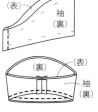

6 脇を縫って袖をつける

P.46「基本のワンピース」の作り方 **5** と同様に、脇を縫って袖をつける。

7 スカートを縫う

①前スカートの左右の脇の縫い代にそれぞれジグザグミシンをかける。後ろスカートも同様に縫う。

②前スカートの上端を、ギャザー用に粗い針目でそれぞれ2本縫う（P.54「ストライプ柄のワンピース」の作り方 **6**-④参照）。後ろスカートも同様に縫う。

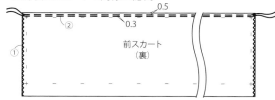

③前・後ろスカートを中表に合わせ、脇を縫う。縫い代を割る。

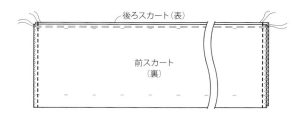

④前・後ろ身頃と前・後ろスカートを中表に合わせ、ギャザーを寄せて縫う。

⑤④の縫い代に2枚一緒にジグザグミシンをかける。縫い代は、前・後ろ身頃側に倒す。

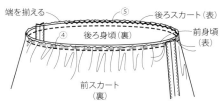

8 裾を縫う

P.47「基本のワンピース」の作り方 **6** と同様に裾を縫う。

8 23ページ プリンセスラインのワンピース

型紙 B 面　前身頃、後ろ身頃、前脇、後ろ脇、袖、衿、フレアー、前見返し、後ろ見返し、スラッシュ見返し

出来上がり寸法

*左から100／110／120cmサイズ
バスト…約67／約71／約74cm
着丈…約42／約49／約56cm
袖丈…約8／約9.5／約11cm

材料

*左から100／110／120cmサイズ
綿混紡ストレッチ（カーキ色）…
　100cm幅を110／120／130cm
接着芯…50×30cm
1.2cm幅の接着テープ…50／55／60cm
コンシールファスナー（緑）…22／25／28cm以上

裁ち合わせ図

*単位はcm。
*裁ち切りと指定以外の縫い代は1cm。
*▨は、前・後ろ見返し、衿1枚（表衿になる）、スラッシュ見返し、前・後ろ身頃のスラッシュ位置に、4×6cmの接着芯をそれぞれ貼る。後ろ身頃の後ろ中心には接着テープを貼る。
*前身頃と後ろ身頃の表側に、スラッシュの印をつける。

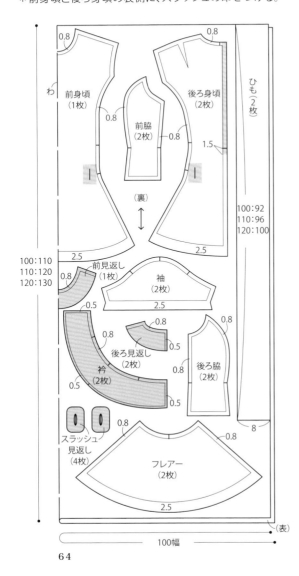

作り方順序

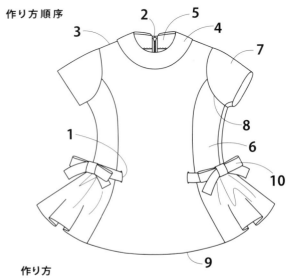

作り方

*単位はcm。

1 前身頃にスラッシュをあける

①前身頃の脇の縫い代にジグザグミシンをかける。
②スラッシュ見返しの周囲に、ジグザグミシンをかける。
③前身頃のスラッシュ位置に、スラッシュ見返しを中表に合わせて縫う。
④スラッシュ見返しと前身頃に、切り込みを入れる。
⑤スラッシュ見返しを、切り込みから前身頃の裏側に折り込み、アイロンで押さえる。

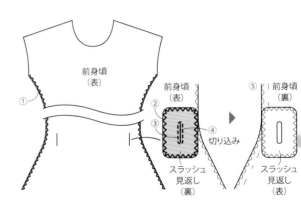

2 後ろ身頃にファスナーをつけ、スラッシュをあける

①左・右後ろ身頃の後ろ中心の縫い代にジグザグミシンをかけ、P.41「基本のワンピース」の作り方1-②〜⑱と同様にファスナーをつける。
②P.50「フリル衿のワンピース」の作り方2-①、②と同様にダーツを縫う。
③作り方1と同様に、ジグザグミシンをかけてスラッシュをあける。

3 肩を縫う

P.61「水玉のワンピース」の作り方3-③と同様に肩を縫う。

4 衿を作る

①表衿と裏衿を中表に合わせて縫う。縫い代の角を斜めにカットしてカーブに切り込みを入れる。表に返し、形を整える。

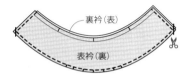

②前・後ろ身頃の表側に、衿を仮留めする。

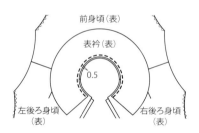

5 見返しをつける

P.44「基本のワンピース」の作り方3-①〜⑨と同様に見返しを縫う。

6 前・後ろ身頃に前・後ろ脇をつける

①前脇と後ろ脇の左右の縫い代にジグザグミシンをかける。
②前脇と後ろ脇を中表に合わせて縫う。縫い代を割る。
③フレアーの左右の縫い代にジグザグミシンをかける。
④前・後ろ脇とフレアーを中表に合わせて縫う。
⑤縫い代に2枚一緒にジグザグミシンをかける。縫い代はフレアー側に倒す。

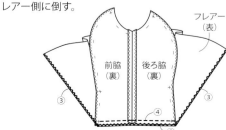

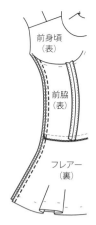

⑥前身頃と前脇を中表に合わせて縫う。縫い代を割る。

⑦後ろ身頃と後ろ脇を中表に合わせて縫う。縫い代を割る。

7 袖を作る

P.46「基本のワンピース」の作り方4と同様に袖を作る。

8 袖をつける

P.46「基本のワンピース」の作り方5-②〜④と同様に袖をつける。

9 裾を縫う

P.47「基本のワンピース」の作り方6と同様に裾を縫う。

10 ひもを作る

①ひもを中表に半分に折り、返し口を残して縫う。縫い代の角を斜めにカットする。

②返し口から表に返し、返し口をまつって形を整える。

③前身頃のスラッシュ2か所、後ろ身頃のスラッシュ2か所に、それぞれひもを通す。前・後ろ身頃の脇で、それぞれのひもを蝶結びする。

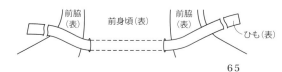

9 花柄のワンピース

25ページ

型紙B面（袖のみA面） 　前身頃、後ろ身頃、袖、衿、スカート、前見返し、後ろ見返し

出来上がり寸法

*左から100／110／120cmサイズ
バスト…約66／約70／約74cm
着丈…約42／約49／約57cm
袖丈…約31.5／約34.5／約37.5cm

材料

*左から100／110／120cmサイズ
綿ローン（リバティプリント）…110cm幅を100／110／120cm
60綿ローン（白）…112cm幅を15cm
3.5cm幅のレース（白）…100／104／108cmを2枚
2.5cm幅のリネンリボン（ピンク）…170／178／186cm
接着芯…40×30cm
1.2cm幅の接着テープ…45／50／55cm
コンシールファスナー（白）…20／23／26cm以上

裁ち合わせ図

*単位はcm。
*裁ち切りと指定以外の縫い代は1cm。
*▨ は、前・後ろ見返しと衿1枚（表衿になる）には接着芯を、後ろ身頃の後ろ中心には接着テープをそれぞれ貼る。

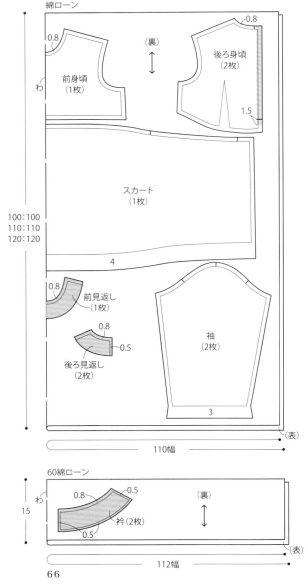

作り方順序

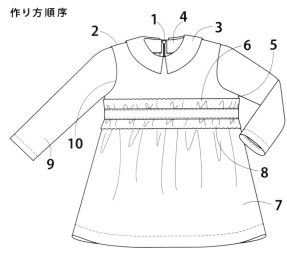

作り方

*単位はcm。

1 ファスナーをつける

①左・右後ろ身頃のダーツを中表に合わせて縫う。縫い代は後ろ中心側に倒す。
②左・右後ろ身頃の後ろ中心と裾の縫い代にジグザグミシンをかける。

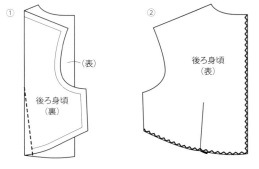

③P.41「基本のワンピース」の作り方 1-②～⑱と同様にファスナーをつける。

2 肩を縫う
P.61「水玉のワンピース」の作り方3ー③と同様に、肩を縫う。

3 衿を作る
①表衿と裏衿を中表に合わせて縫う。縫い代の角を斜めにカットしてカーブに切り込みを入れる。
②表に返し、形を整える。

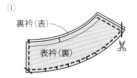

③前・後ろ身頃の表側に、衿を仮留めする。

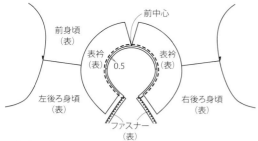

4 見返しをつける
①P.44「基本のワンピース」の作り方3ー①～⑨と同様に見返しを縫う。
②前・後ろ見返しを表に返し、衿をよけて前・後ろ身頃側から衿ぐりを縫う。

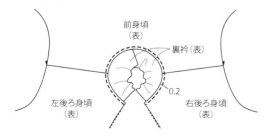

5 脇を縫う
P.52「フリル衿のワンピース」の作り方6と同様に脇を縫う。

6 上側のレースをつける
①レースの左右の端を裏側に三つ折りして、それぞれ縫う。

②レースの上端を、それぞれギャザー用に粗い針目で2本縫う（P.54「ストライプ柄のワンピース」の作り方6ー④参照）。

③前・後ろ身頃に、後ろ中心の左右をあけてレース1枚をギャザーを寄せて縫う。

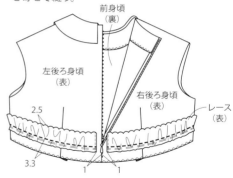

7 スカートを縫う
①スカートの上端と後ろ中心の縫い代にジグザグミシンをかける。
②スカートの上端を、ギャザー用に粗い針目で2本縫う（P.54「ストライプ柄のワンピース」の作り方6ー④参照）。

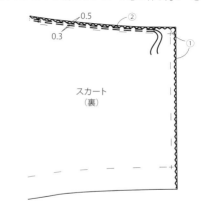

③スカートを中表に折り、後ろ中心を縫う。縫い代を割る。

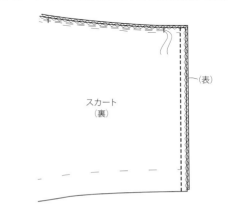

④スカートの裾を三つ折りにして縫う。

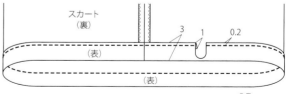

⑤スカートを前・後ろ身頃に中表に合わせ、ギャザーを寄せて縫う。

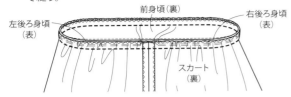

8 下側のレースとリボンをつける

①前・後ろ身頃とスカートのはぎ目に、後ろ中心の左右をあけてレース1枚をギャザーを寄せて縫う。

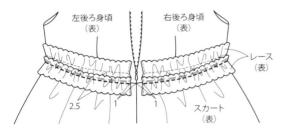

②前・後ろ身頃とスカートのはぎ目にリボンの下端を合わせ、後ろ中心の左右をあけて上下の端を縫う。リボンの両端を裏側に三つ折りにして縫う。

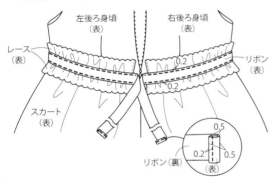

9 袖を作る

①袖口の縫い代を三つ折りにしてアイロンで押さえてから開き、中表に合わせて袖下を縫う。縫い代に2枚一緒にジグザグミシンをかけ、後ろ側に倒す。
②袖口を三つ折りにして縫う。

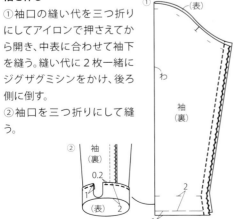

10 袖をつける

P.46「基本のワンピース」の作り方 5 −②〜④と同様に袖をつける。

11 29ページ いちごのアップリケのワンピース

型紙 A 面　前身頃、後ろ身頃、袖、衿、ポケット、前見返し、後ろ見返し、アップリケ

出来上がり寸法

＊左から100／110／120cmサイズ
バスト…約67／約71／約75cm
着丈…約44／約51／約58cm
袖丈… 9／10.5／12cm

材料

＊左から100／110／120cmサイズ
広幅カラーブロード（薄黄色）…
　110cm幅を70／80／90cm
接着芯…50×30cm
1.2cm幅の接着テープ…50／55／60cm
コンシールファスナー（薄黄色）…22／25／28cm以上
アップリケ
　綿ブロード（赤地に白の水玉）…12×7cm
　TCブロード（深緑）…6×3cm
　接着芯…12×7cm、6×3cm

裁ち合わせ図

＊裁ち切りと指定以外の縫い代は1cm。
＊　　は、衿2枚（表衿になる）と前・後ろ見返しに接着芯、後ろ身頃の後ろ中心に接着テープを、それぞれ貼る。
＊前身頃の表側に、ポケットつけ位置の印をつける。

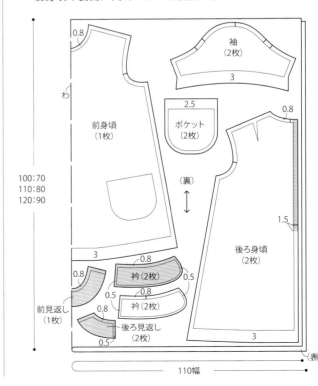

作り方順序

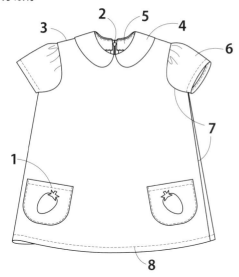

作り方
＊単位はcm。

1 ポケットをつける

①アップリケ用の布に型紙をそれぞれ写し、P.30「水玉でいちごに」を参照して、ポケットにそれぞれいちごのアップリケをする。ポケットの入れ口の縫い代を三つ折りにして縫う。

②残りの縫い代を裏側に折り、アイロンで押さえる。

③前身頃の表側のポケットつけ位置に、それぞれポケットをのせて縫う。

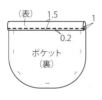

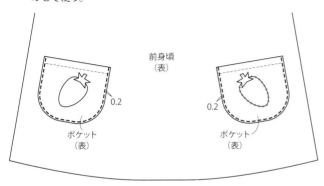

2 ファスナーをつける

左・右後ろ身頃の後ろ中心の縫い代にジグザグミシンをかけ、P.41「基本のワンピース」の作り方1−②〜⑱と同様にファスナーをつける。

3 肩を縫う

P.61「水玉のワンピース」の作り方3と同様に、前・後ろ身頃の肩を縫う。

4 衿を作る

P.67「花柄のワンピース」の作り方3と同様に衿を作って、前・後ろ身頃に仮留めする。

5 見返しをつける

P.67「花柄のワンピース」の作り方4と同様に見返しを縫う。

6 袖を縫う

①袖の袖山の縫い代を、ギャザー用に粗い針目で2本縫う。袖口の縫い代を三つ折りにしてアイロンで押さえてから開く。

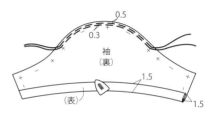

②P.61「水玉のワンピース」の作り方5−②と同様に縫う。
③袖口を三つ折りにして縫う。袖山側のギャザーを寄せておく。

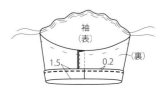

7 脇を縫って袖をつける

①P.52「フリル衿のワンピース」の作り方6と同様に、脇を縫う。
②P.46「基本のワンピース」の作り方5−②〜④と同様に袖をつける。

8 裾を縫う

P.61「水玉のワンピース」の作り方7と同様に裾を縫う。

10 27ページ 白ボタンのパイピングワンピース

型紙 B 面　前身頃、後ろ身頃、ポケット、前見返し、後ろ見返し

出来上がり寸法

＊左から100／110／120cmサイズ
バスト…約67.5／約71.5／約75.5cm
着丈…約41／約47／約53cm

材料

＊左から100／110／120cmサイズ
10オンスデニム（白）…110cm幅を80／85／90cm
接着芯…90×30cm
1.1cm幅のバイアステープ（縁取りタイプ／青）…
　160／165／170cm
3.5cm幅のグログランリボン（白）…6cmを2枚
直径3.5cmのボタン（白）…2個

裁ち合わせ図

＊単位はcm。
＊裁ち切りと指定以外の縫い代は1cm。
＊　　は、前・後ろ見返しとボタンホール裏（P.48参照）に接着芯を貼る。
＊前身頃の表側に、ポケットつけ位置の印をつける。後ろ身頃の表側に、ボタンホール位置の印をつける。

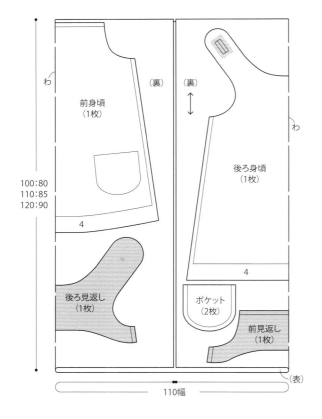

作り方順序

作り方

＊単位はcm。

1　ポケットをつける

①ポケットの入れ口をバイアステープではさんで縫い、縫い代を裏側に折ってアイロンで押さえる。

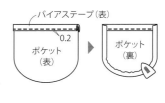

②前身頃の両脇の縫い代にジグザグミシンをかける。
③前身頃の表側のポケットつけ位置に、それぞれポケットをのせて縫う。

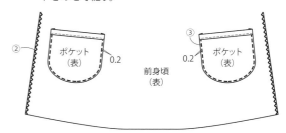

2 前見返しをつける

①前見返しの下端の縫い代にジグザグミシンをかける。
②前身頃と前見返しを中表に合わせて縫う。

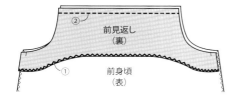

③表に返し、前身頃側から上端を縫って押さえる。

3 後ろ見返しをつけ、ボタンホールを作る

①後ろ見返しの下端の縫い代にジグザグミシンをかける。

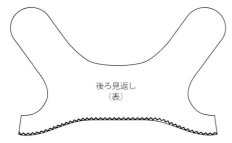

②後ろ身頃の両脇の縫い代にジグザグミシンをかける。
③後ろ身頃のボタンホール位置に、ボタンホールを作る（P.48「玉縁ボタンホールの作り方」参照）。

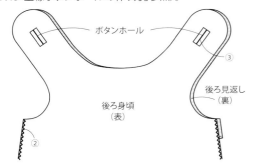

4 脇を縫う

①前身頃と後ろ身頃をよけて、前見返しと後ろ見返しを中表に合わせて脇を縫う。縫い代を割る。

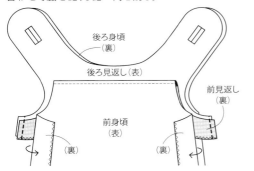

②前・後ろ見返しをよけて、前身頃と後ろ身頃を中表に合わせて脇を縫う。縫い代を割る。

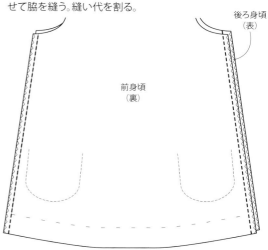

5 縁にパイピングをし、ボタンをつける

①前身頃と前見返し、後ろ身頃と後ろ見返しを外表にそれぞれ合わせ、縁を縫う。

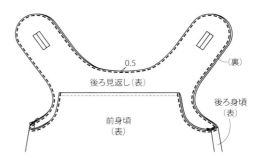

②バイアステープの折り山を開き、前・後ろ見返し側（①で縫った縁）に端をそろえて中表に合わせ、折り筋の上を縫う。折り山を戻して縁をくるみ、前・後ろ身頃を側から端を縫う。
③前身頃にボタンをつける。糸は前見返しまで通して縫う。

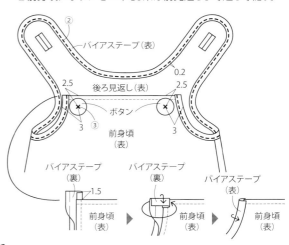

6 裾を縫う

P.52「フリル衿のワンピース」の作り方 **7** と同様に裾を縫う。

12 36ページ ネグリジェ

前身頃、後ろ身頃、ヨーク、袖、衿、前見返し

型紙 B 面

出来上がり寸法

＊左から100／110／120cmサイズ
バスト…約67／約71／約75cm
着丈…74／80／86cm
袖丈…約36／約40／約43.5cm

裁ち合わせ図

＊単位はcm。
＊裁ち切りと指定以外の縫い代は１cm。
＊■は、前見返しと衿１枚（表衿になる）に接着芯を貼る。前ヨークの角１か所と前身頃の角２か所に1.5×1.5cmの接着芯をそれぞれ貼る。
＊前身頃とヨークの表側に、ボタンホール位置またはボタンつけ位置の印をそれぞれつける。

材料

＊左から100／110／120cmサイズ
ネル（白）…90cm幅を225／240／255cm
接着芯…1.5×1.5cmを６枚、20×50cm
幅1cmのベルベットリボン（水色）…60cm
幅1cmのバイアステープ（縁取りタイプ／白）…35cm
幅1.25cmのバイアステープ（両折れタイプ／白）
　…80／85／90cm
幅0.6cmの平ゴム（白）…適量
直径1.5cmのボタン（白）…５個

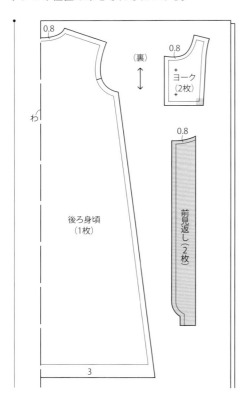
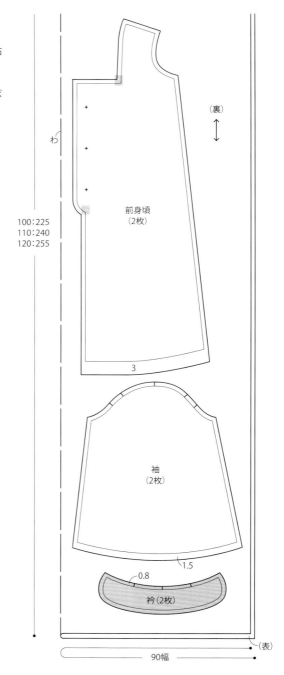

作り方
＊単位はcm。

1 ヨークと前身頃を縫い合わせる

①前身頃にギャザー用に粗い針目で1本縫う。

②前身頃にギャザーを寄せ、ヨークと中表に合わせて縫う。前身頃とヨークの角の縫い代に切り込みを入れる。

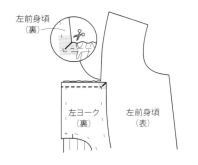

③前身頃とヨークを中表に合わせ、間にリボンをはさんで縫う。
④②の縫い代に2枚一緒にジグザグミシンをかけ、縫い代をヨーク側に倒す。

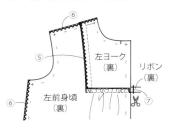

⑤③の縫い代に2枚一緒にジグザグミシンをかけ、縫い代を前身頃側に倒す。
⑥肩と脇の縫い代にジグザグミシンをかける。
⑦リボンを布端に揃えてカットする。

2 前見返しをつける

①前見返しの裁ち切りにジグザグミシンをかける。
②前身頃＋ヨークと前見返しを中表に合わせて縫う。
③縫い代に2枚一緒に切り込みを入れる。

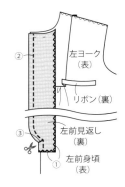

3 肩を縫う

P.44「基本のワンピース」の作り方 **2** －⑥、⑦と同様に、前身頃と後ろ身頃を中表に合わせて肩を縫う。

作り方順序

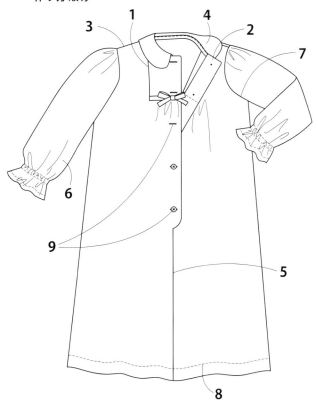

4 衿を縫う

①P.59「水玉のブラウス」の作り方3−①、②と同様に衿を作る。
②「水玉のブラウス」の作り方3−⑥〜⑧と同様に、縫い代をバイアステープで処理して見返しを表に返す。
③ヨーク下端を表から縫う。

④リボンの端を裏側に1cm折り、ヨークにまつる。

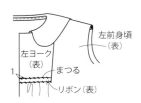

5 前中心を縫う

①左・右前身頃の前見返しから下の前中心の縫い代に、それぞれジグザグミシンをかける。
②左前身頃と右前身頃を中表に合わせて縫う。縫い代を割る。

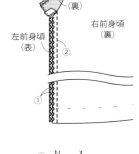

③左・右前見返しの切り込みから下の縫い代を裏側に折り、合わせてまつる。

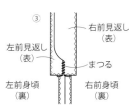

6 袖を作る

①P.69「いちごのアップリケのワンピース」の作り方6−①と同様に、袖の袖山の縫い代にギャザー用に粗い針目で2本縫い、ギャザーを寄せる。
②P.46「基本のワンピース」の作り方4−①、②と同様に袖を縫う。
③袖口の縫い代を裏側に折って縫う。
④袖の裏側に袖下から1周、バイアステープ(両折れタイプ)を縫う。

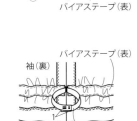

⑤バイアステープにゴムを通して好みのサイズに調整し、ゴムの端を重ねて縫う。

7 脇を縫って袖をつける

P.46「基本のワンピース」の作り方5と同様に脇を縫って袖をつける。

8 裾を縫う

P.52「フリル衿のワンピース」の作り方7と同様に裾を縫う。

9 ボタンをつけて仕上げる

①右ヨーク+右前身頃のボタンホール位置に、ボタンホールをあける。
②左ヨーク+左前身頃のボタンつけ位置に、ボタンをつける。
③残りのリボンを35cmにカットして左右の端を裏側に三つ折りし、まつり縫いする。蝶結びして、右ヨークのリボンの上に縫いとめる。

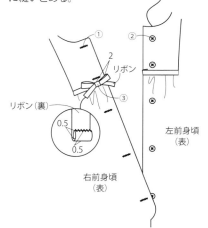

19ページ
ピンクの三角巾

材料
TCブロード（ピンク）…114cm幅×65cm

作り方
＊単位はcm。

1 布を切って縫う
布を65×65cmの正方形にカットする。中表に斜めに半分に折り、返し口を残して縫う。縫い代の角を斜めにカットする。

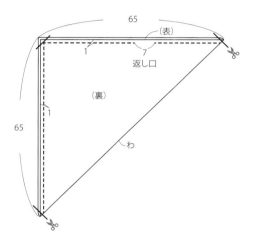

2 表に返して仕上げる
返し口から表に返し、端を縫う。

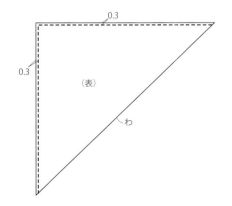

27ページ
水玉デニムの三角巾

材料
10オンスデニム（白）…110cm幅×65cm
タイプライター（白）…116cm幅×65cm
TCブロード（青）…直径3.5cmの円形を適量

作り方
＊単位はcm。

1 デニムにアップリケをする
デニムを65cmの直角三角形にカットする。TCブロードの周囲0.5cmを裏側に折り込んで、デニムの表側の好みの位置にアップリケする（アップリケの仕方はP.33参照）。

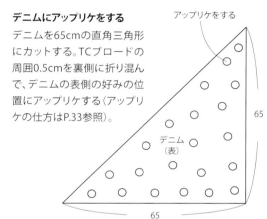

2 デニムとタイプライターを縫い合わせる
タイプライターを65cmの直角三角形にカットしてデニムと中表に合わせ、返し口を残して縫う。縫い代の角を斜めにカットする。

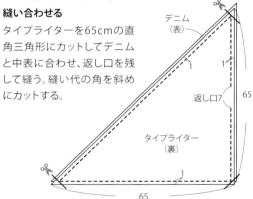

3 表に返して仕上げる。
返し口から表に返し、端を1周縫う。

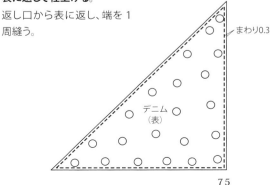

10ページ
a バラのフリル衿とカフス

型紙 B 面　衿、台衿、カフス

裁ち合わせ図
＊単位はcm。
＊裁ち切りと指定以外の縫い代は1cm。
＊ ▩ は台衿1枚（表台衿になる）、衿1枚（表になる）、カフス2枚（表カフスになる）に接着芯を貼る。
＊台衿の表側に、スナップボタンつけ位置の印をそれぞれつける。

材料
＊左から100／110／120cmサイズ
タイプライター（白）…116cm幅を25cm
綿オーガンジー（白）※110cm幅からバイアスでカットする
　フリル・衿…106×5.6／108×6／110×6.6cm
　フリル・カフス…56×5.6／57×6／58×6.6cmを2枚
接着芯…60×25cm
幅4cmのサテンリボン（ピンク）…50cm
幅2.5cmのベルベットリボン（黒）…17cm
直径1.5cmのスナップボタン…1組

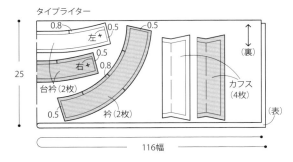

作り方
＊単位はcm。

＜つけ衿＞

1 衿を作る
①フリル・衿を中表に半分に折り、左右の端を縫う。

②表に返し、上端をギャザー用に粗い針目で2本縫う。

③裏衿と表衿を中表に合わせ、フリルにギャザーを寄せて間にフリルをはさんで縫う。縫い代の角を斜めにカットする。

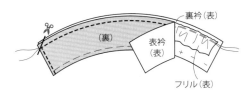

④表に返し、形を整える。

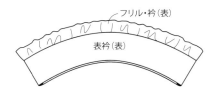

2 衿を台衿につける
①表台衿と裏台衿の下端の縫い代を裏側に折ってから中表に合わせ、間に衿をはさんで縫う。縫い代の角を斜めにカットする。

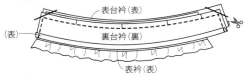

②台衿を表に返し、端を四角く縫う。
③スナップボタンをつける。

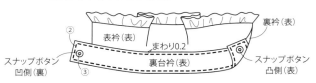

3 コサージュを作る

①サテンリボンを三つ折りにする。

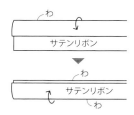

②端を斜めに折り、★から☆を巻く。

③下端を縫いとめる。続けて、縫いとめながら右側を斜めに裏側に何度か繰り返し折りながら、端まで巻いていく。

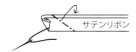

④端まで巻いたら、しっかり縫いとめバラを作る。

⑤ベルベットリボンを折り、中央をぐし縫いして縮める。

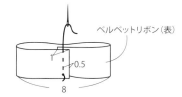

⑥ベルベットリボンの中央に、バラを縫いとめる。

4 衿にコサージュをつける

表衿の前中央に、コサージュを縫いとめる。

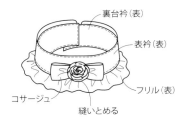

＜カフス＞

5 カフスを縫う

①作り方 1 −①、②と同様に、フリルを縫う。
②裏カフスと表カフスを中表に合わせ、間にフリルをはさんで縫う。縫い代を表カフス側に倒す。

③②を開いて中表に合わせて縫う。縫い代の角をカットし、切り込みを入れる。

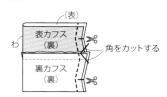

④表に返し、端に2枚一緒にジグザグミシンをかける。

11ページ
b ひまわりの刺しゅう衿

型紙 B 面 衿、台衿

裁ち合わせ図
＊単位はcm。
＊裁ち切りと指定以外の縫い代は1cm。
＊■は台衿1枚（表台衿になる）と衿2枚（表衿になる）に接着芯を貼る。
＊台衿の表側に、スナップボタンつけ位置の印をそれぞれつける。

材料
＊左から100／110／120cmサイズ
コーマギャバジン（白）…116cm幅を20cm
接着芯…60×25cm
25番刺しゅう糸（緑、茶色、黄色）…各適量
直径1.5cmのスナップボタン…1組

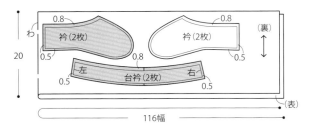

作り方
＊単位はcm。

1 衿を作る
①表衿の好みの位置に右の図案を写し、刺しゅうをする。

②表衿と裏衿を中表に合わせて縫う。カーブの縫い代に切り込みを入れる。

③表に返し、形を整える。

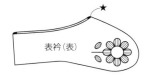

＜実物大刺しゅう図案＞

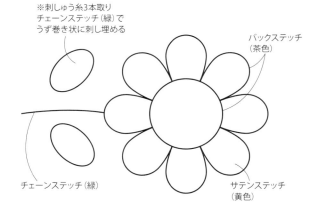

※刺しゅう糸3本取り
チェーンステッチ（緑）でうず巻き状に刺し埋める
バックステッチ（茶色）
チェーンステッチ（緑）
サテンステッチ（黄色）

2 衿を台衿につける
P.76「バラのフリル衿とカフス」の作り方**2**と同様に、台衿に衿をつける。このとき、台衿の前中央に衿の端（★）をそれぞれ合わせてつける。

3 衿をまつる
形を整え、衿2枚の間が開きすぎないように合わせてまつる。

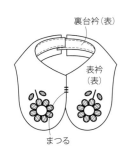

11ページ

cラインの衿とカフス

| 型紙 B面 | 衿、台衿、カフス |

裁ち合わせ図

＊単位はcm。
＊裁ち切りと指定以外の縫い代は1cm。
＊ ▨ は台衿1枚（表台衿になる）、衿1枚（表衿になる）、カフスの半分（表カフス側になる）に接着芯を貼る。
＊台衿の表側に、スナップボタンつけ位置の印をそれぞれつける。

材料

＊左から100／110／120cmサイズ
コーマギャバジン（白）…114cm幅を40cm
接着芯…50×40cm
幅0.3cmのコード（紺）
　つけ衿用…55／60／60cmを4本
　カフス用…19／20／21cmを2本
幅2.5cmのベルベットリボン（赤）…17cm、6cm
直径1.5cmのスナップボタン…1組

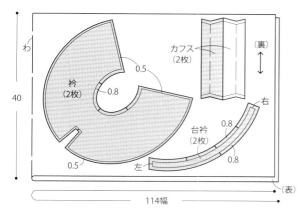

作り方

＊単位はcm。

〈つけ衿〉

1　衿を作る

①表衿と裏衿を中表に合わせて縫う。縫い代の角を斜めにカットする。

②表に返し、形を整える。表衿側にコードを2本のせ、それぞれコードの中央を縫う。

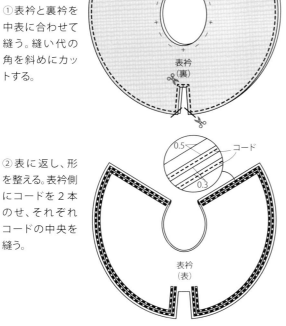

2　衿を台衿につける

P.76「バラのフリル衿とカフス」の作り方2と同様に、台衿に衿をつける。

3　リボンをつける

①17cmのリボンを折り、中央に6cmのリボンを巻いて縫いとめる。

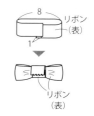

②表衿の前中心に①を縫いとめる。

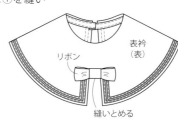

〈カフス〉

4　カフスを作る

①表カフスの表側に、コードを2本のせ、それぞれコードの中央を縫う。

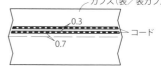

②P.77「バラのフリル衿とカフス」の作り方5－③と同様に縫う。

③表に返し、端に2枚一緒にジグザグミシンをかける。

監修	株式会社ひまわりや
カバー・本文デザイン	林 瑞穂
撮影	武蔵俊介（小社写真部）
スタイリング	相澤 樹
ヘアメイク	橘 房図
モデル	鷺山みちる（JUNES）身長118cm 宮島さゆき（JUNES）身長104cm
作品・パターン制作	野木陽子
トレース	八文字則子
人形制作	宇山あゆみ
刺しゅう	内藤純子
プリント生地データ制作	鈴木 愛
校正	株式会社円水社
作り方解説	海老原順子
編集協力	中原利加子
編集	松本あおい

＜出典＞
「ママの見る一年中ノ子供ノきもの絵本」（1962）
「お母様の見る子供服の絵本」（1967）
「可愛い子供服《中原淳一デザイン集》」（1962）
「可愛い子供のスタイルブック」（1965）
「中原淳一こども服の絵本」（1979）

※本書の口絵ページの文章は、過去の著作物から抜粋し、中原淳一の文章をなるべく原文を損なわないよう掲載しています。
（P18・19・22・23・25・27・29のリード、P10、P36を除く）

＜生地提供＞
オカダヤ新宿本店
TEL:03-3352-5411
http://www.okadaya.co.jp/shinjuku
（P10、11、13、18、23、27、29、36の布地）

株式会社ベビーロック
TEL:03-3265-2441
https://www.babylock.co.jp/dps/
※オリジナルプリント生地が1mから製作できます。
（P15、19の布地）

株式会社メルシー
TEL:0743-53-6811
http://www.merci-fabric.co.jp/
（P25の布地）

＜用具提供＞
クロバー株式会社
TEL:06-6978-2277（お客様係）
http://www.clover.co.jp

※掲載の布地や副資材は、撮影時点のもので、完売もしくは売り切れになる可能性があります。
※本書の作品のデザインや型紙などを元に制作した衣服を許諾なしに販売することは、意匠権の侵害になりますので、ご注意ください。

中原淳一の子ども服

発行日　2018年3月25日　初版第1刷発行

監修	株式会社ひまわりや
発行者	井澤豊一郎
発行	株式会社世界文化社 〒102-8187 東京都千代田区九段北4-2-29 TEL 03-3262-5118（編集部） TEL 03-3262-5115（販売部）

DTP　株式会社明昌堂
印刷・製本　大日本印刷株式会社

©Sekaibunka-sha,2018. Printed in Japan
ISBN 978-4-418-18405-7

無断転載・複写を禁じます。定価はカバーに表示してあります。
落丁・乱丁のある場合はお取り替えいたします。